français

fichier d'entrainement

Antoine Fetet

RETZ
editions-retz.com

Sommaire

Compréhension

Lexique

Cet ouvrage est conforme à la nouvelle orthographe – www.orthographe-recommandee.info

Cet ouvrage suit l'orthographe recommandée par les rectifications de 1990 et les programmes scolaires. Voir le site **http://www.orthographe-recommandee.info** et son miniguide d'information.

ISBN : 978-2-7256-3434-0

Étude de la langue

Orthographe

Présentation

C.L.É.O. est un dispositif d'entrainement pour accompagner tous les élèves, à leur rythme, dans la maitrise progressive de la langue.

Conformément aux orientations définies par les programmes 2016, **C.L.É.O.** organise les apprentissages au moyen de séances courtes et fréquentes d'observation, de réflexion et de manipulations sur le fonctionnement de la langue, favorisant l'appropriation des compétences sur le long terme.

C.L.É.O. CE1 est constitué :

- de ce **fichier pour l'élève,** regroupant l'ensemble des activités d'entrainement ;
- d'un **aide-mémoire** personnalisable pour la structuration des savoirs et savoir-faire, et regroupant l'ensemble des notions étudiées dans l'année ;
- d'un **guide pédagogique** pour l'enseignant, indispensable pour s'approprier la démarche de **C.L.É.O.**, qui contient en outre des ressources pour **l'enseignement de l'oral** ainsi que de nombreuses **pistes** organisant les activités quotidiennes de **production d'écrits** ;
- de **ressources disponibles en ligne** (sur le site **www.cleofrancais.fr**) : activités complémentaires, affichages référents, outils d'aide à l'évaluation pour l'enseignant…

Cet ensemble s'inscrit dans une collection organisant avec cohérence et rigueur les apprentissages tout au long du cycle 2. Outre la proposition de programmation annuelle, présentée pp. 6-7, une programmation spécifique destinée aux cours doubles CE1-CE2 est disponible sur le site **www.cleofrancais.fr**.

C.L.É.O. est organisé en quatre domaines :

Compréhension (informations implicites, chronologie, substituts du nom, marques morphosyntaxiques…)

Lexique (familles de mots, préfixes et suffixes, polysémie…)

Étude de la langue (le nom, le verbe, l'adjectif, la relation sujet/verbe, la phrase…)

Orthographe (rapports graphophonologiques réguliers, orthographe des accords…)

Le principe du tuilage : extrait de la programmation

La programmation proposée pp. 6-7 permet de répartir harmonieusement le travail sur l'ensemble de l'année. Elle est bien sûr indicative et sera adaptée à chaque classe. Les différentes séries d'activités ne sont pas conçues pour être proposées de manière linéaire et successive : au contraire, un « tuilage » des entrainements est organisé, permettant de travailler, en parallèle et sur des durées variables, des savoirs et des savoir-faire diversifiés.

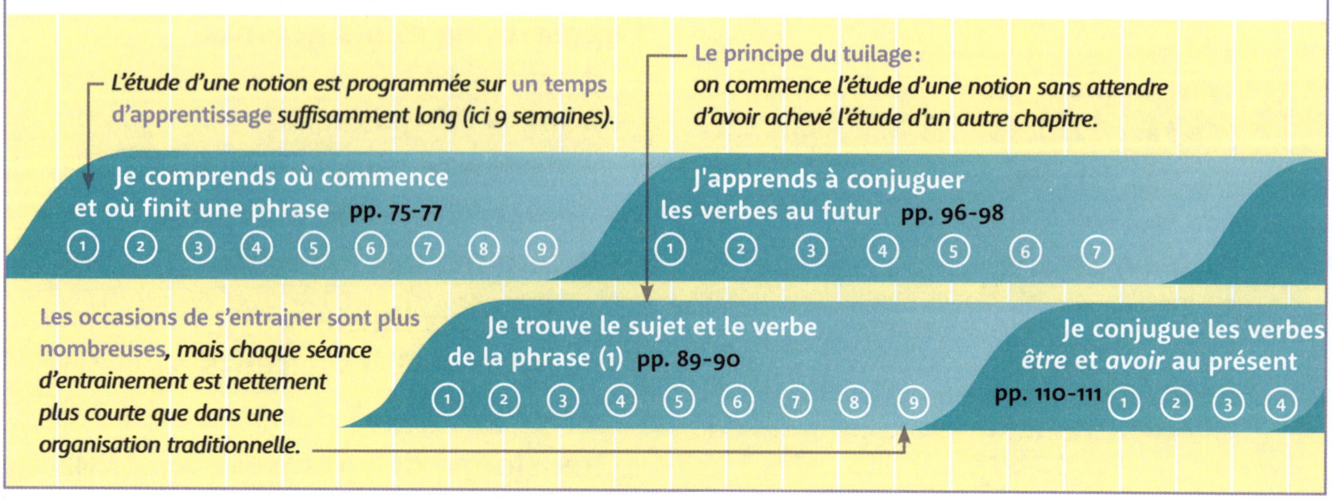

Comment utiliser C.L.É.O. au quotidien ?

Chaque chapitre du fichier d'entrainement correspond à une **séquence d'apprentissage** programmée sur une durée allant de quelques semaines à plusieurs mois, selon la complexité de la notion étudiée et son importance dans la progression.

Exemple : une séquence constituée de 8 séances, programmée sur 6 semaines

Séance d'ouverture : **Entrée dans une notion nouvelle**

- Il peut s'agir d'une découverte collective, d'une recherche individuelle, d'une activité de manipulation de mots, de transformation de phrases, etc.
- Elle permet aux élèves d'aborder activement la notion à étudier et de se familiariser avec le format de l'activité.
- Les élèves expérimentent les stratégies et procédures de résolution du problème posé. L'enseignant accompagne cette première découverte en aidant les élèves à saisir les enjeux de l'apprentissage en cours. Cette phase ne figure pas sur le fichier de l'élève : elle est décrite très précisément dans le **guide pédagogique**.

Séances suivantes : **Phases d'entrainement**

- Les élèves travaillent individuellement sur le fichier (activités 1 à 8 du chapitre).
- Peu à peu, grâce aux corrections et aux phases de mise en commun successives, ils perçoivent plus finement les paramètres qui conditionnent la réussite, et s'approprient les savoirs et savoir-faire.

Entrée dans la notion — 1 — 2 — 3 — 4 — 5 — 6 — 7 — 8

« Colonne vertébrale » de la séquence d'apprentissage : **une série d'activités**

Phase de synthèse

- Au moment où la notion étudiée est suffisamment maitrisée, les savoirs et savoir-faire font l'objet d'une **synthèse** : un affichage référent est présenté et/ou une leçon de l'aide-mémoire est lue, commentée et mémorisée.

Après les entrainements : **Phase de consolidation et de transfert**

- À l'issue de la série d'entrainements du fichier, les compétences sont renforcées grâce à des activités de consolidation (dictées, copies...) ou de transfert (ateliers d'écriture mis en place en classe...).

L'évaluation

La démarche d'évaluation proposée par C.L.É.O. s'intéresse davantage aux **progrès** de l'élève sur le moyen et le long terme qu'à sa performance à un instant *t*.

Des graphiques récapitulatifs (disponibles sur le site compagnon) sont conçus de manière à permettre la visualisation des progrès, pour chaque série d'activités.

L'élève suit ainsi l'évolution de ses performances et prend davantage conscience du caractère progressif de l'appropriation des compétences. À la fois plus sécurisant et plus exigeant, ce mode d'évaluation définit clairement le niveau de réussite attendu de la part de tous les élèves.

En conclusion

La conception de C.L.É.O. s'appuie sur des options didactiques et pédagogiques fortes :

Pour les élèves :
- **leur laisser le temps** de s'approprier les notions à acquérir ;
- **organiser des entrainements réguliers...** sans être rébarbatifs ;
- **proposer des situations de travail** mobilisatrices et stimulantes ;
- **leur donner une meilleure visibilité des apprentissages** dans lesquels ils s'engagent.

Pour l'enseignant :
- **des activités d'entrainement décrochées** qui, grâce à leur format récurrent, permettent souplesse et autonomie dans l'organisation des apprentissages ;
- **un travail de consolidation de la compréhension des textes ;**
- **une très large gamme d'activités** utilisables dans un grand nombre de situations : prises en charge par les enseignants spécialisés des RASED, mise en place de PPRE, MACLé, aide personnalisée, stages de remise à niveau, etc.

Programmation

Semaines	1	2	3	4	5	6	7	8	9	10	11	12	13	14	15	16	17	18

COMPRÉHENSION

- Je comprends ce qui est « caché » dans un texte pp. 8-15 — 1 2 3 4 5 6 7 8 9 10 11 12 13 14 15 16
- J'associe des phrases et des images pp. 16-18 — 1 2 3 4 5 6 7 8 9
- Je fais attention à tous les détails de la phrase pp. 21-2… — 1 2 3 4 5 6 7 8
- Je comprends des phrases complexes pp. 19-20 — 1 2 3 4
- Je comprends la situation et j'adapte ma lecture pp. 25-26 — 1 2 3 4 5 6

LEXIQUE

- Je découvre comment les mots sont formés les diminutifs pp. 38-39 — 1 2 3 4 5 6
- Je range dans l'ordre alphabétique pp. 42-44 — 1 2 3 4 5 6
- Je comprends des mots qui ont plusieurs sens pp. 45-47 — 1 2 3 4 5 6 7
- Je découvre les familles de mots pp. 40-41 — 1 2 3 4 5 6
- Je classe les noms en catégories — 1 2 3 4 5 6

ÉTUDE DE LA LANGUE

- Je découvre le singulier et le pluriel des noms pp. 60-62 — 1 2 3 4 5 6 7 8 9
- Je comprends où commence et où finit une phrase pp. 75-77 — 1 2 3 4 5 6 7 8 9
- J'apprends les verbes — 1 2 3
- J'accorde le verbe avec le sujet pp. 63-67 — 1 2 3 4 5 6 7 8 9 10
- Je trouve le sujet et le verbe de la phrase (1) pp. 89-90 — 1 2 3 4 5 6 7 8
- Je découvre le passé, le présent et le futur pp. 68-71 — 1 2 3 4 5 6 7 8
- Je découvre le verbe et le nom pp. 78-79 — 1 2 3 4 5 6
- J'accorde l'adjectif avec le nom pp. 91-95 — 1 2 3 4 5
- J'utilise les déterminants pp. 72-74 — 1 2 3 4 5 6
- J'apprends à conjuguer les verbes au présent pp…
  - il/elle — 1 2 3 4
  - il/elle ; ils/elles — 1 2
  - nous/vous — 1 2 3 4
  - tu — 1 2 3

ORTHOGRAPHE

J'apprends comment écrire ce que j'entends pp. 114-131

- oi/ou/on p. 114 — 1 2 3
- ch/j p. 115 — 1 2 3
- ai/an/au/eau p. 116 — 1 2 3
- ar/ra/ir/ri… p. 117 — 1 2 3
- elle/ette/esse… p. 118 — 1 2 3
- g/gu p. 119 — 1 2 3

J'apprends comment écrire ce que j'entends

- s/ss p. 120 — 1 2 3
- j/g/ge p. 121 — 1 2 3
- in/ain/ein/un p. 122 — 1 2 3
- ail/eil/euil… p. 123 — 1 2 3
- rt/rp/rs… p. 124 — 1 2 3
- c/qu p. 125 — 1 2 3
- c/ç p. 126 — 1 2 3

J'apprends comment écrire ce que j'entends

- h/ch/ph p. 127 — 1 2 3
- gn/gu p. 128 — 1 2 3
- aille/eille/euille… p. 129 — 1 2 3
- am/em/im/om p. 130 — 1 2 3
- oi/oin/ion p. 131 — 1 2 3

Cette proposition de programmation est indicative : on l'adaptera à la réalité de la classe.

19	20	21	22	23	24	25	26	27	28	29	30	31	32	33	34	35	36

17, 18, 19, 20, 21, 22, 23, 24, 25, 26, 27, 28, 29, 30, 31, 32

Je comprends de qui ou de quoi on parle **pp. 30-31**
1, 2, 3, 4, 5, 6

Je comprends dans quel ordre se passent les choses **pp. 32-35**
1, 2, 3, 4, 5, 6, 7, 8

Je lis différents types de documents **pp. 27-29**
1, 2, 3, 4, 5, 6, 7

Je fais un dessin pour montrer que j'ai compris **pp. 36-37**
1, 2, 3, 4

8, 9

Je forme des mots nouveaux
Préfixes et suffixes **pp. 50-52**
1, 2, 3, 4, 5, 6

Je comprends les différents sens des mots
Sens propre / sens figuré **pp. 56-58**
1, 2, 3, 4, 5, 6, 7, 8, 9, 10

pp. 48-49

Je trouve le sens d'adjectifs inconnus **pp. 53-55**
1, 2, 3, 4, 5, 6, 7, 8, 9, 10, 11, 12, 13, 14, 15

Je m'intéresse à la formation des mots **p. 59**
1, 2, 3

à conjuguer au futur **pp. 96-98**
4, 5, 6, 7

J'apprends à conjuguer les verbes à l'imparfait **pp. 102-104**
1, 2, 3, 4, 5, 6, 7, 8

Je reconnais le verbe et le nom **pp. 111-113**
1, 2, 3, 4, 5, 6, 7, 8, 9

Je conjugue les verbes *être* et *avoir* au présent **p. 99**
1, 2, 3, 4

Je conjugue les verbes *dire* et *faire* au présent **p. 105**
1, 2, 3, 4

Je conjugue les verbes *aller* et *avoir* au présent **p. 110**
1, 2, 3, 4

6, 7, 8, 9, 10, 11

Je trouve le sujet et le verbe de la phrase (2) **pp. 106-107**
1, 2, 3, 4, 5, 6, 7, 8, 9, 10

je/j'
1, 2, 3, 4

J'écris des verbes au pluriel **pp. 100-101**
1, 2, 3, 4, 5, 6

Je reconnais les noms, les adjectifs, les déterminants et les verbes **pp. 108-109**
1, 2, 3, 4, 5, 6, 7, 8

Je découpe les mots en syllabes **p. 132**
1, 2, 3

Je maitrise les liaisons, l'apostrophe et les accents **pp. 133-134**
L'apostrophe **p. 133**
1, 2
« n » ou liaison ? **p. 134**
1, 2, 3

Je transforme des phrases **pp. 142-143**
1, 2, 3, 4, 5, 6, 7, 8, 9, 10

J'apprends à écrire le masculin et le féminin des adjectifs **pp. 137-139**
1, 2, 3, 4, 5, 6

Je maitrise les liaisons, l'apostrophe et les accents **pp. 135-136 et pp. 140-141**
L'accent aigu **pp. 135-136**
1, 2, 3, 4, 5, 6
L'accent grave **pp. 140-141**
1, 2, 3, 4, 5, 6

Je comprends
ce qui est « caché » dans un texte

Lis le texte et réponds aux questions.
Entoure les indices qui t'ont aidé.e à répondre.

1

date : ....

Frédéric descendit de son vélo et dit bonjour à Madame Dupré en lui tendant deux lettres et une carte postale.

- Quel est le métier de Frédéric ? ▸

2

date : ....

Le garagiste ferma le capot et dit à Papa : « Je ne peux pas réparer ça tout de suite, il faut me la laisser jusqu'à demain. »

a. Où se passe cette scène ? ▸

b. Qu'est-ce qui doit être réparé ? ▸

3

date : ....

Julien s'installa sur la selle, mit son casque et démarra.

- Que fait Julien ? ▸

4

date : ....

Gaston souffla si fort qu'un peu de sucre glace s'envola du gâteau pour atterrir… sur les lunettes de Tante Germaine ! Toute la famille éclata de rire.

- Qu'est-ce qu'on fête dans cette famille ? ▸

5

date : ....

« Maman, j'ai fait une grosse bêtise... »
Maman rentra dans le salon et soupira en voyant le verre cassé, l'eau renversée et les fleurs sur le carrelage.

- Quelle bêtise a faite cet enfant ? ▸

6

date : ....

Maurice composa le numéro et attendit un peu.
« Tiens, on dirait que Jules n'est pas chez lui », dit-il en raccrochant.

a. Qu'est-ce qu'a fait Maurice ? ▸

b. Comment sait-il que Jules n'est pas chez lui ? ▸

7

date : ....

Guillaume avait mal au ventre, maintenant...
Comme il regrettait sa bêtise ! Maman entra dans sa chambre et lui demanda : « Dis donc, Guillaume, tu n'aurais pas vu la boite de chocolats que j'ai achetée hier ? »

- Quelle bêtise a faite Guillaume ? ▸

8

date : ....

Dans le salon, c'était la catastrophe : le plafond était taché, il y avait une grosse flaque sur le parquet et le canapé était transformé en éponge géante...

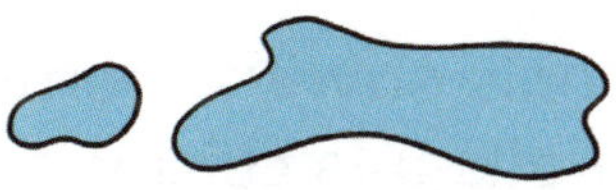

- Que s'est-il passé ? ▸

Je comprends
ce qui est «caché» dans un texte

Lis le texte et réponds aux questions.
Entoure les indices qui t'ont aidé.e à répondre.

9

date : ....

«Quand j'ai ouvert la boite, j'ai vu qu'ils étaient tous cassés !
– Eh bien, on mangera une omelette ce soir ! »

- Qu'est-ce qui est cassé ? ▸

10

date : ....

Fifi tremblait de tout son corps. Coincée au fond de son trou, elle voyait les griffes de Minou qui essayaient de l'attraper...

a. Qui est Fifi ? ▸

b. Pourquoi tremble-t-elle ? ▸

11

date : ....

Papa alluma le four et sortit la pizza du congélateur.

a. Où se trouve Papa ? ▸

b. Quelle heure est-il ? ▸
7 heures du matin,
4 heures de l'après-midi
ou 7 heures du soir ?

12

date : ....

Denis ouvrit la porte, posa son cartable dans l'entrée et alla à la cuisine se faire une tartine de confiture.

a. D'où revient Denis ? ▸

b. Quelle heure est-il ? ▸

13

date : ....

Pour lui faire plaisir, donne-lui un peu de salade.
Mais si tu touches à ses cornes, il rentre dans sa coquille !

• De qui parle ce petit texte ? ▸

14

date : ....

Pauline sortit de l'eau : elle tremblait de tout son corps.
Sa maman l'enroula dans une serviette et la frotta vigoureusement.

a. Où est Pauline ? ▸

b. Pourquoi tremble-t-elle ? ▸

15

date : ....

« Vous en voulez encore ?
– Non merci, c'était délicieux, mais je n'ai plus faim.
– Moi non plus, je garde de la place pour le dessert ! »

a. Combien y a-t-il de personnes qui parlent ? ▸

b. Qu'est-ce qui était délicieux : la viande ou le dessert ? ▸

16

date : ....

En entendant la porte s'ouvrir, Adeline cacha le livre sous son oreiller et fit semblant de dormir.
« Eh bien, tu ne dors pas encore à cette heure-ci ?
Je suis fatiguée de te répéter toujours la même chose ! »

a. Où se passe cette scène ? ▸

b. Qui parle à Adeline ? ▸

Je comprends ce qui est « caché » dans un texte

**Lis le texte et réponds aux questions.
Entoure les indices qui t'ont aidé.e à répondre.**

17

date : ....

« Tu peux te rhabiller, maintenant... Madame, c'est une bonne grippe !
Pas d'école avant une semaine ! »

a. Qui parle à cette dame ? ▸

b. Qui est malade ? ▸

18

date : ....

« Maman, maman, au secours, j'ai peur ! » Sébastien se débattait dans son lit, couvert de sueur. Sa maman arriva et le prit dans ses bras en disant :
« C'est fini, mon chéri, c'est fini. »

• Qu'est-ce qui est arrivé à Sébastien ? ▸

19

date : ....

« Oh non ! Regarde, la vitre est cassée !
– Et la télé a disparu !
– Et tous mes bijoux aussi ! Vite, appelle la police ! »

a. Que s'est-il passé ? ▸

b. Qui demande d'appeler la police ? ▸

20

date : ....

« Puisque tu as fait une énorme bêtise, tu seras privé de dessert !
Et toi, ne fais pas la maligne, ou je te donne la même punition ! »

a. Qui a fait une bêtise, Gaël ou Gaëlle ? ▸

b. Qui risque aussi une punition, Aurélien ou Aurélie ? ▸

21

date : ....

« Papa, s'il te plait, achète-nous en...
– Non, vous allez encore avoir des caries !
– Allez, s'il te plait...
– Bon, d'accord, mais une chacun seulement !
Et ne jetez pas le bâton et le papier n'importe où ! »

a. Qui sont les personnes qui parlent ? ▸

b. Qu'est-ce qui a été acheté ? ▸

22

date : ....

Un peu impressionné, un bâton dans chaque main, Pierrick attendait que le moniteur lui donne le signal du départ.

• Qu'est-ce que fait Pierrick ? ▸

23

date : ....

Des bruits inquiétants provenaient de la pièce à côté.
Léo regrettait vraiment de ne pas avoir écouté sa maman, mais il était trop tard...
« Tu verras, il va te l'arracher avec une énorme pince », lui avait dit sa grande sœur pour lui faire peur...
Léo n'était vraiment pas rassuré...

• Où est Léo ? ▸

24

date : ....

Elle glissa un joli coquillage dans ses longs cheveux blonds et plongea. Ses écailles brillèrent au soleil une dernière fois avant de disparaitre à tout jamais dans les profondeurs.

• De qui parle ce texte ? ▸

Je comprends
ce qui est «caché» dans un texte

Lis le texte et réponds aux questions.
Entoure les indices qui t'ont aidé.e à répondre.

25

date : ....

C'était le soir de Noël. « Entrez, faites comme chez vous ! » dit Mamy en accueillant ses invités avec un grand sourire.

- Pourquoi Mamy dit-elle cela ? ▸

26

date : ....

Le gardien fronça les sourcils quand Zoé approcha sa main de la statue. «On touche avec les yeux ! » dit-il d'un ton sévère.

a. Où se passe cette scène ? ▸

b. Qu'est-ce que veut dire le gardien ? ▸

27

date : ....

«Qui a touché à mes affaires ? demanda Papa.
– Pas moi !
– Ni moi !
– Ni moi non plus !
– Dites-moi la vérité, maintenant, j'ai horreur des mensonges ! »

- Qui parle dans cette scène ? ▸

28

date : ....

Quand Mamy entra dans la cuisine, les deux petits chenapans étaient en train de chiper des bonbons dans son placard. « Eh bien, faites comme chez vous ! » leur dit-elle en fronçant les sourcils.

- Pourquoi Mamy dit-elle cela ? ▸

29

date : ....

Léa se concentra et lança le ballon dans le panier.
« Bravo ! » cria son grand frère.

• Pourquoi le frère de Léa a-t-il dit « Bravo » ? ▸

30

date : ....

M. Bernard posa son stylo en pensant : « Eh bien, on dirait que Karim est en progrès ! Pas une seule faute de copie, aujourd'hui ! »

a. Quelle est la couleur du stylo de M. Bernard ? ▸

b. Qui est Karim ? ▸

31

date : ....

Sébastien mit la main dans sa poche et s'aperçut que la pièce de 2 € avait disparu…
« Excusez-moi, Madame, j'ai perdu mon argent, je reviendrai chercher le pain plus tard… »

• À qui parle Sébastien ? ▸

32

date : ....

Sans faire exprès, Léa renversa le litre de lait sur la table.
Son frère se leva pour aller chercher une éponge en disant :
« Ah, bravo, tout est trempé maintenant ! »

• Pourquoi le frère de Léa a-t-il dit « Bravo » ? ▸

J'associe
des phrases et des images

Observe bien chaque dessin, puis barre les phrases qui ne peuvent pas aller avec lui.

1

date : ....

- Le lapin est plus gros que la carotte.
- La carotte est plus grosse que le lapin.
- La carotte a été déterrée par le lapin.
- Il va les manger.

- Il est content parce que la photo est belle.
- Ils regardent une photo.
- La photo est belle parce qu'il est content.
- Il est content qu'elle soit réussie.

2

date : ....

- Ils courent dans la rue.
- Il court dans la rue.
- Les quatre sportifs se reposent.
- Dans une minute, ils seront arrivés.

- Elle suce son pouce.
- Elles sont encore petites.
- Elles sucent encore leur pouce.
- Elle est assise par terre.

3

date : ....

- Elles les regardent.
- Elles la regardent.
- Elle la regarde.
- Elle les regarde.

- Elle l'aide à mettre ses chaussures.
- Elle l'aide parce que c'est un bébé.
- Elle lui remet ses chaussures.
- Elles mettent leurs chaussures.

4

date : ....

- Elle s'est drôlement salie !
- Elle a joué dans la boue.
- Elle est sale de la tête aux pieds.
- Il faudra qu'elle prenne une douche.

- Elle les emmène à l'école.
- Ils vont à l'école.
- Elles vont à l'école.
- Elle l'emmène à l'école.

5

date : ....

- Ils montent pendant qu'il tient l'échelle.
- Ils montent pendant qu'ils tiennent l'échelle.
- Ils tiennent l'échelle pendant qu'il monte.
- Il tient l'échelle pendant qu'il monte.

- Il n'a pas l'air content.
- Elle n'a pas l'air contente.
- Ils sont en colère.
- Elle est très fâchée.

6

date : ....

- L'une sourit, l'autre pas.
- Elle se regarde et sourit.
- Elles se regardent.
- Elles se sourient.

- Maman soigne Lucas.
- Lucas est soigné par sa maman.
- La maitresse console le petit garçon.
- Maman s'est fait mal.
- Maman est consolée par Lucas.

J'associe
des phrases et des images

Observe bien chaque dessin, puis barre les phrases qui ne peuvent pas aller avec lui.

7

date : ....

- Le monsieur chauve pleure très fort.
- Ils pleurent très fort.
- Il pleure tellement que son nez est tout rouge.
- Il ferme les yeux parce qu'il dort.

- Il a un rhume parce qu'il se mouche.
- Il se mouche depuis qu'il a un rhume.
- S'il a un rhume, c'est parce qu'il a un mouchoir.
- S'il a un mouchoir, c'est parce qu'il a un rhume.

8

date : ....

- Il souffle les bougies pour que ce soit son anniversaire.
- Il a bien soufflé, pourtant il n'a que trois ans !
- Il y a un gâteau parce que c'est Noël.
- Il souffle les bougies car c'est son anniversaire.

- Elle le chatouille.
- Il la chatouille avec une plume.
- Ils se chatouillent.
- Elle lui chatouille les pieds.
- Il lui chatouille les pieds.

9

date : ....

- Papa aurait dû mieux ranger les ciseaux.
- C'est un bon coiffeur.
- C'est difficile de se couper les cheveux tout seul.
- Maman ne va pas être contente.
- Papa a fait du bon travail.

- Si elle l'arrose tous les jours, elle poussera bien.
- Elle pousse bien pour qu'elle l'arrose.
- Comme elle l'arrose tous les jours, elle pousse bien.
- La fleur est arrosée par la petite fille.

Je comprends
des phrases complexes

Lis attentivement les phrases, et colorie les dessins.

1

date : ....

Le chat qui dort sur la table est noir.
Le vase qui est renversé sur la table est vert.
Celui qui est sous la table est rouge.
Le journal qui est sur les livres est jaune.
La souris qui est dans le vase est grise.
Celle qui est derrière le vase est brune.
Le chat qui dort sur le fauteuil est de la même couleur que celui qui dort sur la table.

2

date : ....

La souris qui est à côté de la valise est grise,
celle qui est derrière la valise est rose.
Celle qui est sur la valise est brune.
Le téléphone qui est sur la table, derrière le vase,
est rouge, comme la valise.
Celui qui est devant le vase est bleu.
Le crayon cassé est de la même couleur que la valise.

Je comprends **des phrases complexes**

Lis attentivement les phrases, et colorie les dessins.

3 date : ....

Le chat qui dort à côté de sa maman est gris, comme elle.
Le vase qui est renversé est jaune.
Le crayon qui n'est pas cassé est vert, l'autre est rouge.
Le livre au-dessus de la pile est noir, celui du dessous est bleu.
Les lunettes qui sont entre les pattes du chat sont orange,
celles qui sont entre les pieds du fauteuil sont roses.

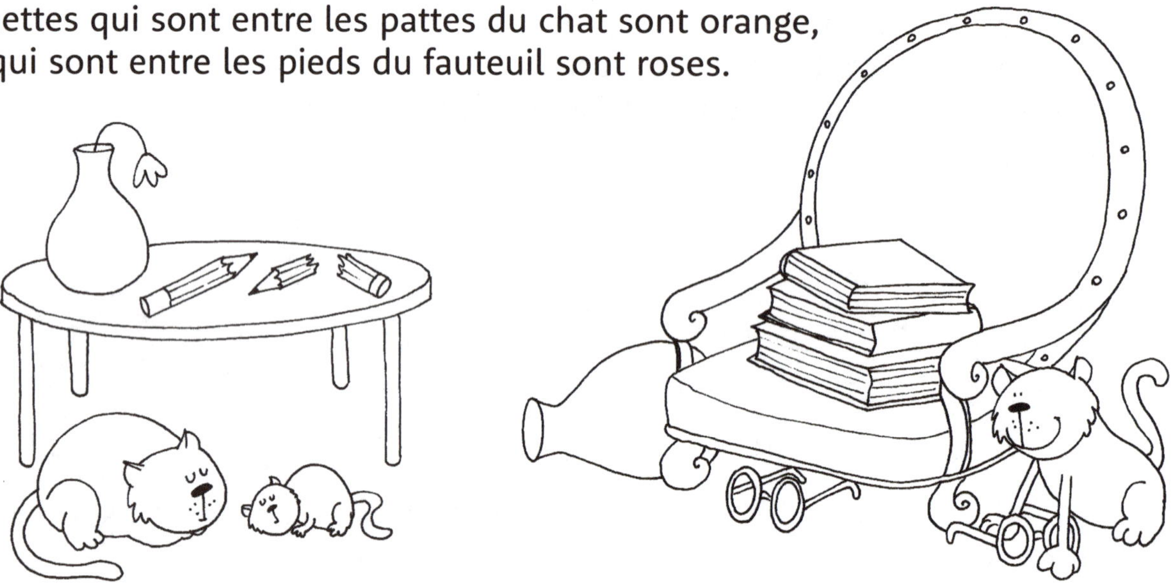

4 date : ....

Le crayon qui est sur la table est vert.
Celui qui est en dessous est rouge.
Le chat qui dort sur le fauteuil est gris.
Celui qui dort sous la table est noir.
Celui qui est derrière le fauteuil est roux.
Celui qui est entre le fauteuil et la table est brun.

Je fais attention à **tous les détails de la phrase**

Lis les phrases et entoure le dessin qui correspond à chaque définition.

1

date : ....

- J'ai une ampoule, mais pas de fil.

- J'ai une couverture et beaucoup de pages.
  On écrit sur mes pages.

- Je sers à écrire ou à dessiner,
  mais on ne peut pas me tailler.

- Je sers à peindre les murs, mais je ne roule pas.

- Je roule, mais je n'ai ni quatre roues,
  ni deux roues.

- Je suis un pinceau, mais je ne suis pas très fin.

2

date : ....

- J'ai un fil, mais pas d'ampoule.

- J'ai une couverture et beaucoup de pages.
  On peut m'ajouter ou m'enlever des pages.

- Je sers à écrire, mais je n'ai pas de capuchon.

- Je roule et j'ai un moteur.

- Je roule dans l'herbe, mais je n'ai pas de roues.

- J'ai une couverture, mais je ne suis pas en papier.

Je fais attention à **tous les détails de la phrase**

Lis les phrases et entoure le dessin qui correspond à chaque définition.

3

date : ....

- J'ai des griffes, mais je ne suis pas dangereux.

- Je vis dans la mer, mais je ne suis pas un poisson.

- Je ressemble à un verre, mais avec une anse.

- Je n'ai ni roue ni moteur.

- Je suis un instrument, mais je n'ai pas de cordes.

- Je vole, mais je n'ai ni ailes ni pattes.

4

date : ....

- J'ai un écran, mais pas de clavier.

- Je ressemble à un parapluie mais je protège du soleil.

- On me trouve à la cuisine mais jamais au salon.

- Je peux t'éblouir, mais pas la nuit.

- Je ne roule pas, mais je vole.

- Je suis toujours en papier, jamais en tissu.

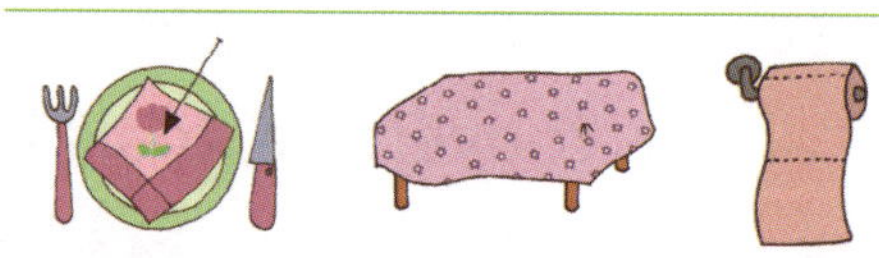

Lis chaque devinette et écris la bonne réponse en t'aidant des dessins. Attention, il y a des intrus.

5

date : ....

- J'ai quatre pieds, mais je ne marche pas. ▸
- On m'allume, on m'éteint. ▸
- J'ai quatre pattes et je marche. ▸
- J'ai des ailes, mais je ne suis pas un oiseau. ▸
- Je suis un oiseau, mais je ne vole pas. ▸
- On m'ouvre, on me ferme. ▸
- On me remplit, on me vide. ▸

6

date : ....

- Je roule, mais je n'ai pas de roues. ▸
- J'ai des roues et je roule. ▸
- Je flotte sur l'eau, mais je ne nage pas. ▸
- Je ne vole pas, je ne nage pas, je ne marche pas. ▸
- Je suis un oiseau, mais je ne vole pas. ▸
- Je ne nage pas, je ne rampe pas, je ne vole pas. ▸
- Je ne nage pas, je ne cours pas, je ne rampe pas. ▸

Je fais attention à **tous les détails de la phrase**

Lis chaque devinette et écris la bonne réponse en t'aidant des dessins. Attention, il y a des intrus.

7

date : ....

- Je suis en verre, mais je ne suis pas un verre. ▸
- J'ai deux verres. ▸
- Tu m'écoutes sans me regarder. ▸
- Tu me regardes sans m'écouter. ▸
- Tu me regardes et tu m'écoutes. ▸
- On n'écrit pas sur mes feuilles. ▸
- Je chauffe sans flammes. ▸
- Je chauffe et je brûle. ▸

8

date : ....

- Je souffle doucement ou en tempête. ▸
- J'ai deux manches. ▸
- Je brille le jour ou la nuit. ▸
- J'ai deux branches, mais je ne suis pas un arbre. ▸
- J'ai un seul manche. ▸
- J'ai une porte, mais je ne suis pas une porte. ▸
- Je suis en bois, mais je ne pousse pas. ▸

Je comprends **la situation** et j'adapte **ma lecture**

Lis chaque texte, et barre au fur et à mesure de ta lecture les dessins qui ne vont pas avec ce que tu lis.

1

date : ....

Il n'allait jamais chez le coiffeur. Vraiment, il avait horreur de ça... De toute façon, pour lui, c'était inutile !

2

date : ....

Ils sont prêts pour le grand soir. Ils se sont bien entrainés ; ils espèrent gagner la compétition ! Dans l'immense patinoire, la musique commence et ils se mettent à danser.

3

date : ....

Il monte, il monte, il monte encore. Les cuisses commencent à lui faire mal. Pourtant, il est encore loin du sommet... Une drôle de course tout de même, qui se termine tout en haut du dernier étage du plus haut immeuble de Paris !

Je comprends **la situation** et j'adapte **ma lecture**

Lis chaque texte, et barre au fur et à mesure de ta lecture les dessins qui ne vont pas avec ce que tu lis.

4

date : ....

L'œuf se fendille, comme s'il allait éclater.
On voit des petits morceaux de coquille qui se détachent.
Soudain, une tête apparait : avec son bec recourbé,
l'oisillon ouvre le passage et finit par sortir.

5

date : ....

Dans le pré, Blanchette broute la bonne herbe verte.
La cloche qu'elle porte au cou carillonne joyeusement.
Elle surveille son petit qui, de temps à autre, vient téter son lait.
Mais déjà le soleil se couche : il est temps de rentrer à la chèvrerie !

6

date : ....

Quentin pousse son chariot devant lui. Il n'y a pas beaucoup de monde,
si tôt le matin. Il traverse le magasin et s'arrête devant le rayon
des fruits et légumes. Il commence par mettre de côté
quelques tomates abimées et deux abricots écrasés.
Ensuite, il pose les cagettes de melons sur l'étalage des promotions.

Je lis **différents types de documents**

1

date : ....

La maitresse demande : « Combien d'enfants mangent à la cantine aujourd'hui ? » 11 doigts se lèvent.
« Lily, va porter ce tableau à la classe de CM1, merci ! »

Entoure le tableau que la maitresse donne à Lily.

CP	CE1	CE2	CM1	CM2
10	9	11		

CP	CE1	CE2	CM1	CM2
12	9	10	11	

CP	CE1	CE2	CM1	CM2
8	12	10		

2

date : ....

Lis ce texte. Sur le dessin, trace le parcours du chaton et entoure le carton dans lequel il se cache.

Le chaton est entré par la porte entrouverte. Il s'est faufilé sous le lit, puis il a grimpé sur la chaise à gauche du lit et il a sauté sur le bureau. Ensuite, il s'est caché dans le carton qui était là.

3

date : ....

Lis ces indications et suis-les sur le plan avec le doigt. Puis entoure la maison dans laquelle Jean veut aller.

« Jean, tu prends la 1re à gauche,
puis la 2e à droite.
Quand tu es au rond-point,
tu vas tout droit et tu es arrivé ! »

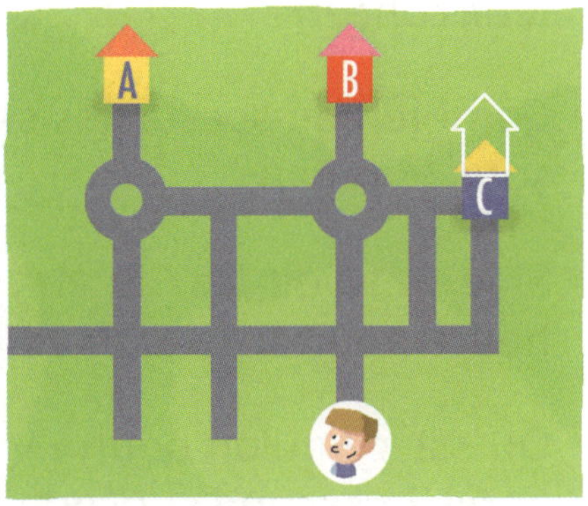

Je lis **différents types de documents**

Observe le programme de la fête de l'école, puis réponds aux questions.

• Fête de l'école •
Samedi 21 juin

Concert des CM2	salle de sport	14 h	17 h
Cirque par les CE1	préau	14 h 30	15 h 30
Danse des CP	cour	15 h	-
Théâtre par les CE2	préau	15 h	16 h
Chorale des CM1	cour	15 h 30	16 h 30
Tirage de la tombola	salle de sport	17 h 30	-

4

date : ....

- À quelles heures aura lieu le spectacle de cirque des CE1 ? ▸
- Qu'est-ce qu'on pourra voir dans la cour à 16 h 30 ? ▸
- Où aura lieu le tirage de la tombola ? ▸
- Qu'est-ce qui commencera à la même heure que la danse des CP ? ▸

5

date : ....

- Combien de fois les CM2 donneront-ils leur concert ? ▸
- Combien de spectacles se passeront sous le préau ? ▸
- Si je vais voir les CE1 à 15 h 30, à quelle heure pourrai-je aller voir les CM1 ? ▸
- Qu'est-ce qu'on pourra voir après le second concert des CM2 ? ▸

Observe la carte, puis réponds aux questions.

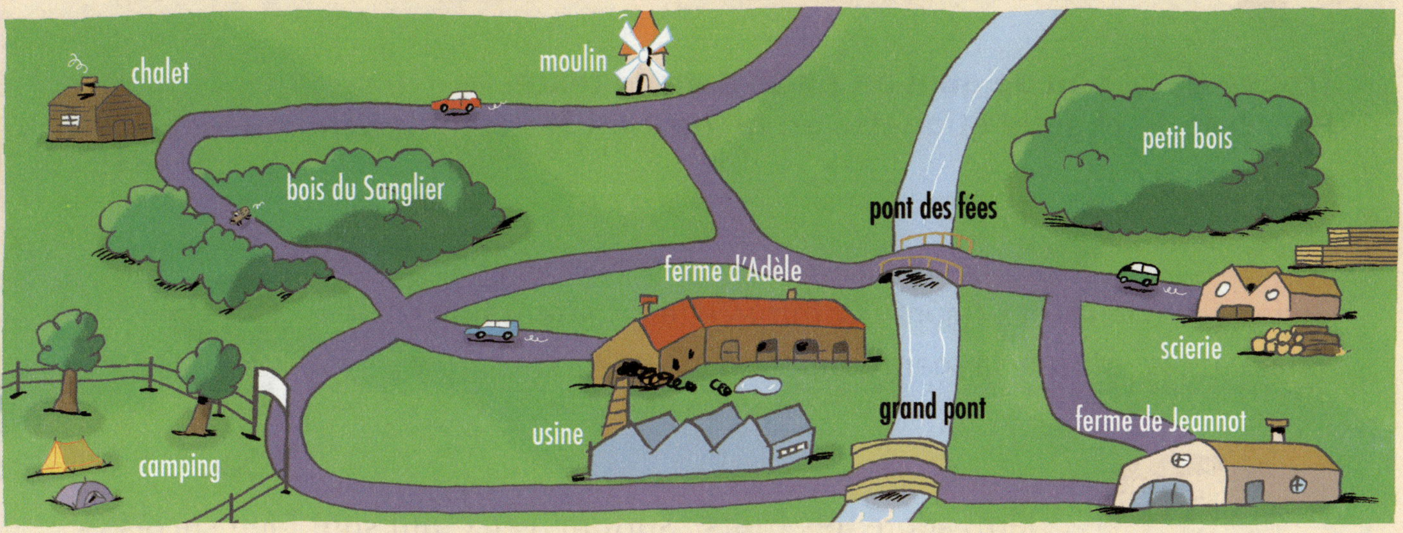

6 date : ....

- Je suis au camping et je veux aller à la ferme de Jeannot. Par où vais-je passer? ▸
- Léo est au chalet, il veut aller à la ferme d'Adèle sans traverser le bois du Sanglier. Par où va-t-il passer? ▸
- Je veux aller de l'usine à la scierie. Par où vais-je passer? ▸
- Regarde la voiture verte : elle va tourner à gauche. Où va-t-elle arriver? ▸

7 date : ....

- Regarde la voiture rouge. Elle va tourner à gauche, puis à droite en sortant du bois du Sanglier. Où va-t-elle arriver? ▸
- Regarde la voiture bleue. Elle va tourner à droite, puis à gauche au carrefour suivant. Où va-t-elle arriver? ▸
- Nous sommes au moulin, et nous voulons aller à l'usine. Trouve deux itinéraires : ▸

Itinéraire n°1:
Itinéraire n°2:

Je comprends
de qui ou de quoi on parle

Trouve de qui ou de quoi on parle dans le texte.
Puis colorie chaque étiquette en respectant les couleurs indiquées.

1

date : ....

Hélène a cueilli des fleurs. Comme elles sentent bon !
Elle va les offrir à sa maitresse.

Kim adore les fruits, surtout ceux qui sont bien sucrés.
Il en mange tous les jours.

2

date : ....

Paul n'a pas fini ses devoirs. Quand il les aura terminés, il ira jouer dehors. Mais qu'ils sont difficiles, ce soir !

Élodie joue avec sa marionnette. Elle lui parle et la fait bouger avec ses doigts.

3

date : ....

Ces deux garçons ne devraient pas se battre : si la maitresse les voit, elle va les mettre au coin et leur donner une punition.

Oscar adore le foot, c'est son sport préféré. C'est lui qui a fait gagner son équipe la dernière fois. Tous ses copains disent qu'il est le meilleur !

4

date : ....

Fanny est allée au parc avec sa maman. Elle aime y aller pour faire de la balançoire. Il est immense, avec beaucoup de jeux pour les enfants. Elle ne s'ennuie jamais quand elle y va.

Victor a attrapé un gros rhume. Il en a déjà eu un le mois dernier, il n'a vraiment pas de chance ! Vivement qu'il finisse, il en a assez de se moucher.

5

date : ....

Arthur apprend à faire ses lacets. Quand ils se dénouent, il s'assied et les renoue. C'est encore difficile pour un petit garçon comme lui !

Jean adore passer l'aspirateur. Quand il le met en route, il démarre avec un bruit de tempête ! Ses parents sont contents d'avoir un garçon qui les aide.

6

date : ....

Mourad et Léonie piqueniquent. C'est lui qui a préparé les sandwichs, et elle a apporté les fruits. Les deux enfants sont très contents de passer une journée dans la nature. Ils s'amusent bien.

Karine s'occupe du linge. Il sent bon le propre ! Quand elle aura fini de le plier, elle ira le ranger dans l'armoire. Elle fait ça très bien !

Je comprends **dans quel ordre se passent les choses**

**Observe chaque dessin et lis les phrases.
Puis numérote-les dans l'ordre, de 1 à 5.**

1

date : ....

- ◯ Il se relève en se frottant les fesses.
- ◯ 
- ◯ Il a gelé la nuit dernière.
- ◯ Max met son bonnet et ses gants.
- ◯ Il commence à s'avancer.

- ◯ Elle se sèche et se rhabille.
- ◯ Lisa arrive à la piscine.
- ◯ 
- ◯ Elle retourne chez elle.
- ◯ Elle met son maillot de bain.

2

date : ....

- ◯ Pour Noël, Paula a reçu des skis et des bâtons.
- ◯ Aujourd'hui, elle est allée à la montagne.
- ◯ Après avoir skié, elle a bu un bon chocolat chaud.
- ◯ 
- ◯ Elle a pris le téléski.

- ◯ Il ouvre son cadeau.
- ◯ Les piles sont usées.
- ◯ Noah prend son cadeau sous le sapin.
- ◯ Enfin, il va se coucher.
- ◯ 

3

date : ....

- Elle compte jusqu'à 50.
- Elle le cherche partout.
- Léo et sa sœur jouent à la cachette.
- Elle finit par le trouver.
- 

- Karim va dans la forêt.
- 
- Enfin, il redescend de l'arbre.
- Il commence à grimper.
- Il choisit un arbre pour grimper.

4

date : ....

- Elle a marché jusqu'à la rivière.
- Elle s'est assise au bord de l'eau.
- 
- Sarah s'est levée très tôt.
- Elle a pris tout son matériel.

- 
- Émile est allé au ski.
- Une ambulance l'a emmené à l'hôpital.
- Il a foncé dans un sapin.
- Dans un mois, tout ira mieux !

Je comprends **dans quel ordre se passent les choses**

Lis chaque petit texte, puis numérote les dessins dans l'ordre où les choses se passent.

5

date : ....

Hier, on a fait un piquenique. C'est moi qui avais préparé les sandwichs. Mais il a fallu qu'on rentre vite, à cause de l'orage !

Ce soir, on va au cinéma, Papa et moi. Il a promis de m'acheter du popcorn juste avant le film.

6

date : ....

La semaine dernière, j'ai semé des petits radis. On les mangera dans trois semaines, si je n'oublie pas de les arroser !

J'ai écrit à ma grand-mère qui habite en Amérique pour la remercier de son beau cadeau. Elle sera contente de voir comme j'écris bien !

7

date : ....

« Quand je serai grande, je serai championne olympique de natation !
– Apprends déjà à nager sans flotteurs, alors ! »

« Demain, j'irai chez le dentiste pour la première fois. Je viens de perdre ma première dent de lait, et comme je mange beaucoup de bonbons, maman dit qu'il vaut mieux vérifier que je n'ai pas de carie. »

8

date : ....

« Dans cette recette, le plus difficile, c'est de battre les blancs en neige.
Mais pour ça, il faut d'abord séparer les blancs des jaunes.
Au fait, commence par allumer le four ! »

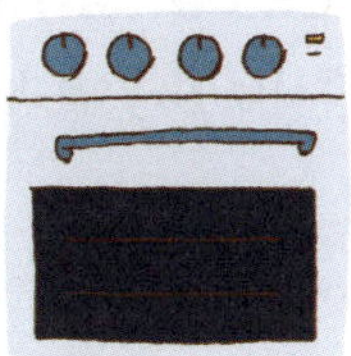

Thelma est pressée de rentrer de l'école, car son papa lui a promis que, ce soir, il lui apprendra à jouer de la guitare dès qu'elle aura fini ses devoirs.

Je fais **un dessin pour montrer que j'ai compris**

Lis le texte, puis complète le dessin pour montrer que tu as compris.

1

date : ....

La cabane est construite dans les branches d'un arbre mort. À gauche, il y a une échelle pour monter jusqu'à la porte, et à droite, une fenêtre pour observer ce qui se passe dans le jardin d'à côté. Le toit est très pointu, couvert de tuiles rouges.

2

date : ....

Le drôle d'engin a des petites roues à l'avant et des grandes à l'arrière. Il y a une grosse hélice sur le toit. À la place du conducteur, il y a un robot, et à l'arrière, une petite fille.

3

date : ....

Au milieu de la piste,
un éléphant porte
sur sa trompe
une acrobate.
Il est en équilibre
sur une grosse balle
multicolore.

4

date : ....

Sur le sol, on voit une flaque de boue. Au milieu de cette flaque,
on voit un petit chien tout mouillé et tout sale.
Il pleut, mais il ne peut pas rentrer dans sa niche
car un gros chat lui a volé sa place !

Je découvre **comment les mots sont formés**

Les diminutifs

Complète les phrases avec « c'est » ou « ce n'est pas » et écris les mots manquants.

1

date : ....

Une clochette, ... une petite ....
Une raquette, ... un petit rat.
Une chemisette, ...
Une violette, ... un petit violon.
Une fillette, ...
Une roulette, ...

2

date : ....

Une casquette, ... un petit casque.
Une camionnette, ...
Une omelette, ... un petit homme.
Une gouttelette, ...
Une maisonnette, ...
Une balayette, ...

3

date : ....

Une poulette, ...
Une banquette, ... une petite banque.
Une tartelette, ...
Une moquette, ... une petite moquerie.
Une baguette, ... une petite bague.
Une bouclette, ...

4

date : ....

Un chaton, un petit chat.
Un bouchon, une petite bouche.
Un ourson, .

Un ânon, .
Un grillon, une petite grille.
Un girafon, .

5

date : ....

Un garçonnet, un petit garçon.
Un jardinet, .
Un coffret, .

Un bâtonnet, .
Un bouquet, un petit bouc.
Un muret, .

6

date : ....

Un poireau, une petite poire.
Un renardeau, un petit renard.
Un lionceau, .

Un château, un petit chat.
Un baleineau, .
Un éléphanteau, .

Je découvre
les familles de mots

Entoure tous les mots de la même famille.

1

date : ....

un chat

une chatte — une chatière — un château

un chapeau — un chaton — un chameau

un jardin

un jardinier — jaune — jaloux — une jardinière

le jardinage — un jardinet — jardiner

2

date : ....

un jour

une joue — bonjour — un journal

un jouet — une journée

un poisson

des petits pois — un poissonnier — une prison

une poissonnerie — du poison — une poissonnière

3

date : ....

la Terre

un terrain — terminer — un terrier — terrible

terrestre — atterrir — enterré

le matin

matinal — malin — Martin

la maternelle — la matinée

4

date : ....

des amis

l'amitié — américain — amicalement

amusant — amical — aimer — une amie

une fleur

un fleuriste — fleurir — un foulard

un feu — un fleuve — une fleurette

5

date : ....

la mer

un marin — mardi — maritime

la mère — merci — la marine

un dessin

un dessinateur — un dessert — desserrer

dessiner — dessus — une dessinatrice

6

date : ....

une glace

un glacier — un gland — un glaçon — glacial

une glacière — du verglas — glisser

un cheval

un cavalier — chevaucher — la cheville

le chevalier — un cheveu

Je range **dans l'ordre alphabétique**

Recopie dans l'ordre alphabétique les mots illustrés par un dessin. Colorie l'initiale de chacun de ces mots.

1

date : ....

alligator
b
canard
d
éléphant

girafe

jars

moineau

2

date : ....

naja
o

requin
souris

vache

zèbre

Pour t'aider, utilise **l'alphabet** !

Recopie dans l'ordre alphabétique les mots en bas de page. Colorie leur initiale.

A B C D E F G H I J K L M N O P Q R S T U V W X Y Z

3 date : ....

ami
b
départ
gouter
ile
maman
olive
route
tente
vacances
yeux

zoo | banane | wagon | lait | univers | pigeon | histoire | nounours | satellite | fête

4 date : ....

amusant
calme
horrible
joyeux
minuscule
ouvert
rare
triste

spécial | gentil | unique | inquiet | bizarre | pointu | dangereux | libre | normal | effrayant | vivant | fragile

Je range
dans l'ordre alphabétique

Recopie dans l'ordre alphabétique les mots en bas de page. Colorie leur initiale.

5 date : ....

A

Cléo

Gino

Julie

Noémie

Théo

Karim Elsa Boris Léo
Samia Zoé Albert Ilias
Damien Valentin Olivia
Rachid Hakim Marie

6 date : ....

a
chanter
dormir

grandir

imaginer

nager
oublier

tousser

sortir entendre vivre
fermer mordre respirer
hésiter lancer quitter
allumer utiliser jouer

Je comprends
des mots qui ont plusieurs sens

Lis les définitions des mots (sur fond bleu).
Puis écris la lettre de la bonne définition dans les carrés.

1

date : ………………

cuisine
a. Pièce de la maison où l'on fait à manger.
b. Faire la cuisine = préparer à manger.

 ☐  ☐

- Papa fait la cuisine. ☐
- Ta cuisine est magnifique. ☐
- Il faudrait repeindre la cuisine. ☐
- Papa a refait la cuisine. ☐
- Qui fait la cuisine ce soir ? ☐
- Ta cuisine est délicieuse ! ☐

2

date : ………………

baguette
a. Long morceau de bois pour jouer du tambour.
b. Sorte de pain long et mince.
c. Fin morceau de bois utilisé par les Chinois pour manger.

- C'est difficile de manger avec des baguettes ! ☐
- Cette baguette est rassise. ☐
- Va à la boulangerie et achète deux baguettes. ☐
- J'ai tapé trop fort, j'ai cassé une baguette ! ☐

 ☐
 ☐
 ☐

3

date : ………………

bois
a. Matière dont les arbres sont faits.
b. Petite forêt.

 ☐  ☐

- « Promenons-nous dans les bois… » ☐
- J'aime toucher le bois. ☐
- Il s'est perdu dans le bois. ☐
- Ce jouet est en bois. ☐
- Le loup habite au fond du bois. ☐
- Le pirate a une jambe de bois. ☐

Je comprends
des mots qui ont plusieurs sens

Lis les définitions des mots (sur fond bleu).
Puis écris la lettre de la bonne définition dans les carrés.

4

date : ....

caisse

a. Coffre de rangement.
b. Endroit d'un magasin où l'on paie ses achats.
c. Grosse caisse = gros tambour.

☐

☐

☐

- J'ai acheté une caisse à outils. ☐
- Il n'y a personne à cette caisse. ☐
- Je joue de la grosse caisse. ☐
- Je passe à la caisse tout de suite. ☐
- J'ai mis la caisse de livres au grenier. ☐
- Ferme le couvercle de cette caisse. ☐

5

date : ....

buche

a. Gros morceau de bois coupé pour faire du feu.
b. Gâteau que l'on mange à Noël.

☐

☐

- Au réveillon, Papy a coupé la buche. ☐
- Ce matin, Papy a coupé des buches. ☐
- J'ai acheté une buche chez le pâtissier. ☐
- Mets une buche dans le feu. ☐
- Tu veux une part de buche ? ☐
- Elle est bonne, cette buche ! ☐

6

date : ....

planche

a. Morceau de bois scié et raboté.
b. Planche à roulettes = skate-board.
c. Faire la planche = flotter à la surface de l'eau.

☐

- Tu m'apprendras à faire la planche ? ☐
- Tu m'apprendras à scier une planche ? ☐
- Tu m'apprendras à faire de la planche ? ☐
- Il faut que je répare cette planche qui grince. ☐

☐

☐

7

date : ....

course

a. Faire des courses = faire des achats.
b. Faire une course = courir pour arriver le premier.

- J'ai dépensé dix euros en courses.
- On fait la course ?
- Tu as encore des courses à faire ?
- J'ai gagné les deux courses !
- Tu fais les courses ?
- J'adore la course à pied.

8

date : ....

aiguille

a. Objet fin et pointu qui sert à coudre.
b. Au bout de la seringue, il y a l'aiguille.
c. Feuille fine et pointue du pin ou du sapin.

- J'ai peur des piqures et des aiguilles !
- L'infirmière a cassé son aiguille.
- Quand on marche sur les aiguilles, ça sent bon !
- C'est difficile de passer le fil dans l'aiguille.

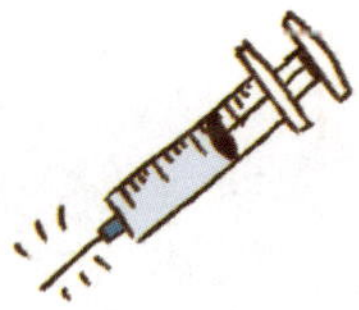

9

date : ....

bouchon

a. Petit objet pour fermer les bouteilles.
b. Embouteillage sur la route.

- Je rentrerai en retard, il y a un énorme bouchon.
- Tous les soirs, je suis bloqué dans un bouchon.
- Passe-moi ce bouchon, s'il te plait.
- Le bouchon a sauté au plafond.

Je classe **les noms en catégories**

Barre l'intrus dans la liste de noms.
Sur le fond bleu, écris le nom-étiquette,
puis recopie les autres noms autour.

1

date : ....

tournevis - outil - fourchette - pioche - marteau - scie - truelle

catégorie des ______________

2

date : ....

tabouret - fauteuil - siège - banc - lit - canapé - pouf

catégorie des ______________

3

date : ....

coccinelle - fourmi - insecte - grenouille - abeille - guêpe - mouche

catégorie des ______________

4

date : ....

rugby - gymnastique - musique - basket - football - sport - tennis

catégorie des ____________

5

date : ....

lit - armoire - étagère - meuble - bureau - buffet - salon

catégorie des ____________

6

date : ....

orange - pomme - banane - pêche - carotte - raisin - fruit

catégorie des ____________

Je forme **des mots nouveaux**

Préfixes et suffixes

Observe les exemples. Puis complète les phrases en formant des mots avec dé-, re- ou in- et les mots en gras.

Exemples

 visible → in + visible  invisible

 branché → dé + branché  débranché

1

date : ....

- Je n'ai pas mis assez de **colle** sur mon dessin, alors il s'est .
- Avec mes cousins, on venait de **construire** une cabane, mais le vent l'a détruite. Il faudra la .
- Le puzzle n'est pas **complet**, il manque deux pièces : il est .
- J'ai **copié** ma poésie, mais mon petit frère a barbouillé mon cahier : il faut que je la .

2

date : ....

- Maman se **maquille** le matin et se le soir.
- J'ai sorti du pain du **congélateur**. Bientôt, il sera .
- J'étais bien **coiffé**, mais le vent m'a . Il faut que je me .
- Certains élèves sont **attentifs**, mais d'autres sont .

3 date : ....

- Je suis **descendu** à la cave, mais j'ai oublié de prendre quelque chose : il faudra que j'y ________________ .
- Comme j'avais froid, j'avais **boutonné** mon manteau jusqu'en haut. Mais maintenant, j'ai trop chaud : je l'ai ________________ .
- Pendant la sortie scolaire, la maitresse a **compté** et ________________ les élèves toute la journée.
- La **neige** est tombée la nuit dernière, alors nous avons ________________ le trottoir.

Observe l'exemple. Puis complète les phrases en formant des mots avec dé-, re-, in-, -able ou -ible et les mots en gras.

Exemple

terminer → in | termin | able → interminable

in — able — dé — re — ible

4 date : ....

- J'ai cru que ce film n'allait jamais se **terminer** ! Il était ________________ .
- J'adore cette voiture : quand il fait beau, on peut enlever la **capote** : elle est ________________ .
- Ce bruit est vraiment impossible à **supporter** ! Il est ________________ .
- Cette table est pratique pour les piqueniques : on peut la **monter** et la ranger en quelques minutes : elle est ________________ .

Je forme **des mots nouveaux**

Préfixes et suffixes

Observe l'exemple. Puis complète les phrases en formant des mots avec dé-, re- ou in-, -able ou -ible et les mots en gras.

Exemple

5 date : ....

- Ce sachet de fromage est pratique : on peut l'ouvrir et le **fermer** comme on veut : il est ....
- Je pilotais mon avion télécommandé, quand tout à coup, je n'ai plus réussi à le **contrôler** : il est devenu ....
- Gustave racontait plein d'histoires, mais on n'y **croyait** pas : ses histoires étaient ....
- Un pot de peinture s'est renversé sur mon cahier : je ne peux plus l'**utiliser**, il est ....

6 date : ....

- On ne peut pas **dompter** ce tigre féroce : il est ....
- Je faisais du ski. Soudain, j'ai pris trop de vitesse et je n'ai pas réussi à **éviter** le sapin devant moi ! L'accident était ....
- Ce verre est très solide, on ne peut pas le **casser** : il est ....

Je trouve
le sens d'adjectifs inconnus

Lis la phrase. Puis entoure les mots qui ont le même sens que le mot en gras.

1 date : ....

« Hmmm ! Ce petit cochon a l'air **exquis** ! » dit le loup en se léchant les babines.

délicieux — succulent — dégoutant — immangeable

2 date : ....

C'était le plus petit des trois frères, et pourtant c'était lui le plus **hardi** : il n'avait peur de rien ni de personne.

audacieux — peureux — courageux — froussard

3 date : ....

Mon arrière-grand-mère monta dans son **antique** voiture : pétaradant, fumant, hoquetant, le moteur finit par démarrer.

très vieille — toute neuve — ancienne — moderne

4 date : ....

Guillaume se frotta les yeux, **éberlué** : devant lui, sorti du flacon magique, un génie flottait dans l'air !

stupéfait — très étonné — furieux — calme

5 date : ....

Médor, **penaud**, arriva dans le salon, la queue basse : il venait de renverser le beau vase en cristal !

fier — honteux — embarrassé — content

Je trouve **le sens d'adjectifs inconnus**

Lis la phrase. Puis entoure les mots qui ont le même sens que le mot en gras.

6 date : ....

« Oh regarde, voilà déjà les premières fraises du jardin !
Elles sont **précoces** cette année ! »

en avance | en retard | tardives | sucrées

7 date : ....

Le temps était **lugubre** : le vent soufflait, de gros nuages gris bouchaient le ciel et une pluie fine et régulière tombait depuis le matin.

sombre | sinistre | magnifique | merveilleux

8 date : ....

Jeanne arriva dans son beau costume d'Arlequin, gai et **bariolé**.

multicolore | terne | très coloré | très sombre

9 date : ....

Karim arriva à l'école mal réveillé, **bougon** et de mauvaise humeur.

grincheux | grognon | gai | joyeux

10 date : ....

Lilou mâchait et remâchait le même morceau de viande depuis deux minutes : vraiment, ce bifteck était trop **coriace** !

tendre | dur | résistant | élastique

11

date : ....

Pierre me montra comment il arrivait à jouer de la guitare avec ses orteils. Il avait toujours des idées **saugrenues** !

bizarres | étranges | normales | habituelles

12

date : ....

Adèle, toujours **espiègle**, se cacha derrière le canapé pour faire une farce à sa maman.

malicieuse | taquine | sérieuse | sage

13

date : ....

La sorcière était furieuse, elle hurlait, le visage **cramoisi**, qu'elle allait se venger !

rose | rouge foncé | pâle | écarlate

14

date : ....

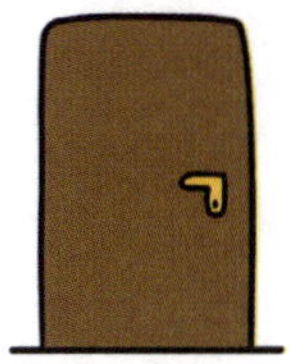

En arrivant chez Jordan, Lucas frappa à la porte mais personne n'ouvrit. Lucas, **désemparé**, se gratta la tête, ne sachant s'il devait attendre ou rentrer chez lui.

ravi | embarrassé | bien embêté | sûr de lui

15

date : ....

D'un geste preste, le magicien fit sortir un lapin de son chapeau.

agile | lent | adroit | lourd | maladroit

Je comprends
les différents sens des mots

Sens propre / sens figuré

Lis les quatre phrases et souligne le mot qui se retrouve dans chacune d'elles.
Puis écris s'il est employé au sens propre ou au sens figuré.

1

date : ....

- Laisse-moi tranquille, tu me casses les pieds ! → sens
- Cette musique me casse les oreilles. → sens
- Pierrick a cassé mon jouet. → sens
- Le chat a cassé un vase en passant. → sens

2

date : ....

- Arrête de me couper la parole tout le temps ! → sens
- Il faut que j'aille me faire couper les cheveux. → sens
- Cette odeur de poubelle me coupe l'appétit. → sens
- Papi va couper le gâteau d'anniversaire. → sens

3

date : ....

- Les amoureux nagent dans le bonheur. → sens
- J'ai appris à nager sur le dos. → sens
- Ce pull est trop grand, je nage dedans ! → sens
- Les poissons nagent dans la mare. → sens

4 date : ....

- Le maitre dit : « Creusez-vous un peu la tête ! » → sens
- Cette grande balade m'a creusé l'appétit. → sens
- Les taupes ont creusé une galerie dans l'herbe. → sens
- Les ouvriers creusent la terre. → sens

5 date : ....

- Des nuages noirs cachent le soleil. → sens
- L'avion vole au-dessus des nuages. → sens
- Simon est un petit rêveur, toujours dans les nuages. → sens
- Il est content, il est sur un petit nuage. → sens

6 date : ....

- Mon chat s'appelle Mistigri. → sens
- Je suis enroué, j'ai un chat dans la gorge. → sens
- Je ne sais pas, je donne ma langue au chat. → sens
- Le chat ronronne près du feu. → sens

7 date : ....

- Les coccinelles dévorent les pucerons. → sens
- J'ai dévoré ce livre, il était passionnant ! → sens
- Mon chien a dévoré sa pâtée. → sens
- Oh, un cadeau ! Qu'est-ce que c'est ? Je suis dévoré par la curiosité. → sens

Je comprends **les différents sens des mots**

Sens propre / sens figuré

Lis les quatre phrases et souligne le mot qui se retrouve dans chacune d'elles.
Puis écris s'il est employé au sens propre ou au sens figuré.

8

date : ....

- Hier, en ville, je suis tombé sur mon ami Franck. → sens

- Vous tombez bien, on a besoin d'aide ! → sens
- Je suis tombée et j'ai déchiré mon pantalon. → sens
- J'ai besoin d'aide, ne me laisse pas tomber ! → sens

9

date : ....

- Tu as perdu la tête ? → sens

- Je n'arrive plus à dormir, j'ai perdu le sommeil. → sens
- J'ai perdu ma montre à l'école. → sens
- Les arbres perdent leurs feuilles en automne. → sens

10

date : ....

- Mon chat attrape les papillons. → sens

- Je suis arrivé en retard à l'école, je me suis fait attraper ! → sens
- J'ai attrapé la grippe à la piscine. → sens
- La police a attrapé les deux voleurs. → sens

Je m'intéresse
à la formation des mots

Les adverbes en *-ment*

Lis les phrases et complète-les avec un adverbe qui se termine en -ment. Aide-toi des dessins et des bulles.

1 date : ....

…………………, ce lit est trop étroit !

Elle a l'air ………………… fâchée !

Il mélange ………………… les ingrédients.

2 date : ....

Jules dort ………………… bien.

Ils lisent ………………… un livre.

Elle montre ………………… son dessin.

3 date : ....

Elle joue ………………… fort.

Victor fait ………………… ses devoirs.

Elle berce ………………… son bébé.

Je découvre **le singulier et le pluriel des noms**

Recopie chaque nom (étiquette verte) avec un déterminant (étiquette jaune) dans la bonne colonne.

1 date : ....

verres · ampoules · échelle · ampoule · robot · échelles · un · une · robots · verre · des

Il y en a **un seul**, ou **une seule**.	Il y en a **plusieurs**.

2 date : ....

sacs · peigne · aspirateur · sac · peignes · tables · un · des · aspirateurs · une · table

Il y en a **un seul**, ou **une seule**.	Il y en a **plusieurs**.

3 date : ....

outil · tortue · chaises · étoiles · chaise · tortues · un · une · étoile · outils · des

Il y en a **un seul**, ou **une seule**.	Il y en a **plusieurs**.

4

date : ....

 animal | cheveux | tuyau |  cadeaux  | animaux

cadeau | un | une | cheveu | tuyaux | des

Il y en a **un seul**, ou **une seule**.	Il y en a **plusieurs**.
→	
→	
→	
→	

5

date : ....

feu  | journaux |  oiseaux  | journal | bureau

bureaux | un | une | feux | oiseau | des

Il y en a **un seul**, ou **une seule**.	Il y en a **plusieurs**.
→	
→	
→	
→	

6

date : ....

chevaux |  jeux  | noyaux | cheval  | couteaux

couteau | un | une | jeu | noyau | des

Il y en a **un seul**, ou **une seule**.	Il y en a **plusieurs**.
→	
→	
→	
→	

Je découvre **le singulier et le pluriel des noms**

Recopie chaque nom (étiquette verte) avec un déterminant (étiquette jaune)dans la bonne colonne.

7

date : . .

les · l' · la · le · une · un · des

nez · noix · radis · souris

Il y en a **un seul**, ou **une seule**.	Il y en a **plusieurs**.
	→
	→
	→
	→

8

date : . . . . . .

les · l' · la · le · une · un · des

toupie · croix · neveu · château

Il y en a **un seul**, ou **une seule**.	Il y en a **plusieurs**.
	→
	→
	→
	→

9

date : . . . .

les · l' · la · le · une · un · des

journal · râteau · merguez · porte

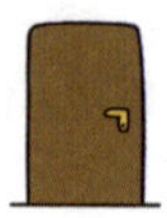

Il y en a **un seul**, ou **une seule**.	Il y en a **plusieurs**.
	→
	→
	→
	→

J'accorde **le verbe avec le sujet**

Observe les dessins attentivement.
Puis écris les phrases qui leur correspondent en choisissant les mots qui conviennent.

1

date : ....

Il · Ils · regarde · la télévision.
Elles · Elle · regardent

2

date : ....

Il · Ils · jouent · de la guitare. · de la trompette.
Elles · Elle · joue · du violon. · du piano.

J'accorde **le verbe avec le sujet**

**Observe les dessins attentivement.
Puis écris les phrases qui leur correspondent
en choisissant les mots qui conviennent.**

3

date : ....

Il | Ils | ont | un chat. | des chats.

Elles | Elle | a | des poissons. | un chien.

▸

▸

▸

▸

4

date : ....

Il | Ils | patinent | sur la glace.

Elles | Elle | patine | dans la cour.

▸

▸

▸

▸

J'accorde **le verbe avec le sujet**

Observe les dessins, puis écris deux phrases différentes en choisissant bien les mots.
N'oublie pas les majuscules et les points.

5

date : ....

le — passagers — prennent — prend — les — bus

1.

2.

Lina — les petits oiseaux — regarde — regardent

1.

2.

6

date : ....

à — maitresses — aux — bonjour — disent — les — Max — dit

1.

2.

les — élèves — tous — la — directrice — connait — connaissent

1.

2.

J'accorde **le verbe avec le sujet**

Observe les dessins, puis écris deux phrases différentes en choisissant bien les mots.
N'oublie pas les majuscules et les points.

7

date : ....

l' lions ...

observ les explorateur

1.

2.

le aid pompiers

... médecin les

1.

2.

8

date : ....

les chatons jou

avec ... Hugo

1.

2.

... joueurs les

entraineur félicit l'

1.

2.

9

date : ....

main
entraineur
serr
la
l'
des
footballeurs
...
les
de

1.

2.

clown
enfants
les
applaudi
le
...

1.

2.

0

date : ....

avec
la
poussins
se promèn
les
poule
...

1.

2.

embrass
deux
les
Mamy
enfants
...

1.

2.

Je découvre **le passé, le présent et le futur**

Recopie les phrases-étiquettes au bon endroit.
Puis entoure les verbes.

1

date : ....

Autrefois, je n'aimais pas pêcher. — Maintenant,

Avant, je ne savais pas lire. — Maintenant,

Avant, je ne jouais jamais aux billes. — Maintenant,

j'y joue souvent. | je sais lire. | j'aime bien.

2

date : ....

L'année dernière, — Cette année, je suis en CE1.

Avant, je n'avais pas d'ordinateur. — Maintenant,

Avant, — Maintenant, j'en fais souvent.

j'étais au CP. | j'en ai un. | je ne faisais jamais de gâteaux.

3

date : ....

Avant, je n'étais pas gourmand. | Maintenant,

Avant, je n'essuyais jamais la vaisselle. | Maintenant,

L'année dernière, Tom avait trois ans. | Cette année,

je l'essuie de temps en temps. | je le suis ! | il a quatre ans.

4

date : ....

▸ mais j'en jouerai bientôt.

Je ne sais pas encore faire mes lacets, mais ▸

▸ mais bientôt j'y arriverai !

je saurai bientôt. | Je ne joue pas encore de tambour, | Je n'arrive pas encore à grimper aux arbres,

Je découvre **le passé, le présent et le futur**

Choisis les verbes qui conviennent dans la colonne de droite et recopie-les.

5

date : ....

Hier, je suis allé chez la dentiste.	
J' un peu,	ai attendu / attends
puis la dentiste m'	a demandé / demande
de m'assoir sur un grand fauteuil.	
J' peur qu'elle trouve une carie.	ai / avais / aurai
J' très grand la bouche	ouvre / ai ouvert
et elle toutes mes dents.	examinera / a examiné
Je la voir bientôt.	suis retourné / retournerai

6

date : ....

Moi, j' le foot ! Tous les	adorais / adore / adorerai
samedis, je au stade pour	vais / allais / irai
m'entrainer. Et l'année prochaine,	
je de vrais matchs.	faisais / fais / ferai
Mes copains jouer avec	aimaient / aiment / aimeront
moi, parce qu'ils que	savaient / savent / sauront
je joue bien. Quand je serai grand,	
je footballeur professionnel.	étais / serai / suis
Peut-être qu'avec l'équipe de France,	
je la Coupe du Monde !	gagnais / gagne / gagnerai

7 date : ....

La chatte de ma grand-mère a eu	
trois chatons. Elle m'en un.	a donné / donne / donnera
Mon chat, c' mon meilleur ami.	était / est / a été
Quand je rentre de l'école, il se	frottait / frotte / frottera
toujours contre mes jambes.	
Quand je mes devoirs,	faisais / fais / ferai
il se sur mes cahiers.	couchais / couche / coucherai
Quand ma petite sœur plus grande,	était / est / sera
elle aussi un chat.	avait / a / aura

8 date : ....

L'été dernier, Tom est allé en vacances	
à la mer. Un jour, il un crabe	a vu / voit / voyait
sur la plage. D'abord, il	croira / croit / a cru
qu'il mort	était / sera / est
parce qu'il ne pas du tout.	bougera / bouge / bougeait
Alors, du bout du pied, Tom	veut / voulait / a voulu
le retourner… Mais le crabe	a pincé / pinçait / pince
son gros orteil !	
Maintenant, Tom sait qu'un crabe en colère,	
ça très mal !	a fait / fait / faisait

J'utilise **les déterminants**

**Écris une phrase pour chaque dessin en utilisant les mots des étiquettes.
N'oublie pas d'ajouter les déterminants : le, la, l', les, un, une, des.**

1

date : ....

enfants	oiseau	observe
enfant	oiseaux	observent

1.

2.

princesse	petites filles	rencontrent
princesses	petite fille	rencontre

1.

2.

2

date : ....

dragons	chevalier	attaquent
dragon	chevaliers	attaque

1.

2.

bucheron	arbres	coupent
bucherons	arbre	coupe

1.

2.

3

date : ....

chameaux	voyageurs	croisent
chameau	voyageur	croise

1.

2.

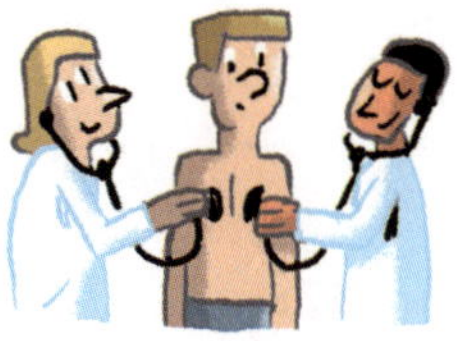

docteur	malade	soignent
docteurs	malades	soigne

1.

2.

4

date : ....

musiciens	sur le tambour	tape
musicien	sur les tambours	tapent

1.

2.

bébés	cadeaux	ouvrent
bébé	cadeau	ouvre

1.

2.

J'utilise
les déterminants

Écris une phrase pour chaque dessin en utilisant les mots des étiquettes. N'oublie pas d'ajouter les déterminants : le, la, l', les, un, une, des.

5

date : ....

otaries | mange | poissons
otarie | mangent | poisson

1.

2.

gendarme | arrêtent | voitures
gendarmes | arrête | voiture

1.

2.

6

date : ....

maitresse | surveillent | élève
maitresses | surveille | élèves

1.

2.

hiboux | chasse | mulots
hibou | chassent | mulot

1.

2.

Je comprends **où commence et où finit une phrase**

Sur chaque ligne, il y a deux phrases.
Récris-les en pensant aux majuscules et aux signes de ponctuation : . ? !

1

date : ....

Élodie adore les marionnettes elle prépare un petit spectacle

▸

Adèle rentre de l'école son chien est content de la revoir

▸

2

date : ....

Hélène nourrit les oiseaux en hiver qu'elle est gentille

▸

Jean passe l'aspirateur il aime aider ses parents

▸

3

date : ....

Sarah est sur la balançoire comme elle va haut

▸

la petite fille cueille des fleurs qu'elles sentent bon

▸

Je comprends **où commence et où finit une phrase**

Sur chaque ligne, il y a deux phrases. Récris-les en pensant aux majuscules et aux signes de ponctuation : . ? !

4

date : ....

Jules est un bon footballeur va-t-il marquer un but

▸

Paul fait ses devoirs que c'est difficile

▸

5

date : ....

est-ce que c'est une bonne idée je ne pense pas

▸

catastrophe qui a laissé trainer les ciseaux

▸

6

date : ....

Léon plie le linge ensuite il ira le ranger

▸

Martin éternue et se mouche a-t-il attrapé la grippe

▸

7

date : ....

maman n'arrivait pas à démarrer la voiture était en panne

▸

on était tous pressés de manger la pizza n'était pas encore cuite

▸

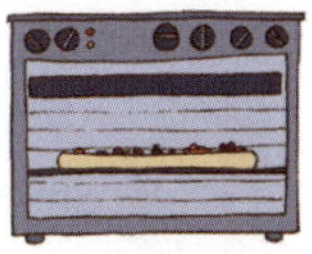

8

date : ....

tu n'as pas besoin d'attendre Victor ne va pas à l'école aujourd'hui

▸

le petit garçon m'a ouvert la porte n'était pas fermée à clé

▸

9

date : ....

n'oublie pas d'arroser tous les jours tes fleurs pousseront bien

▸

quelqu'un a appelé Léa n'a pas répondu

▸

Je découvre
le verbe et le nom

**Écris les mots dans la colonne « Verbes » ou dans la colonne « Noms ».
N'oublie pas d'écrire le, la, l' ou les devant les noms.**

1

date : ....

bronzer · plage · océan · courir · sable · nager · creuser · vacances

Verbes	Noms
	le soleil

2

date : ....

ciseaux · stylo · écrire · gomme · tailler · crayons · dessiner · effacer

Verbes	Noms

3

date : ....

décorer · guirlandes · fêter · boules · cadeaux · sapin · ouvrir · offrir

Verbes	Noms

4

date : ....

travailler apprendre

livre école

cahier

lire exercice leçon écrire réciter

Verbes	Noms

5

date : ....

piquenique chips

nappe se promener

piqueniquer

panier manger sandwich marcher s'amuser

Verbes	Noms

6

date : ....

hiver bonhomme

construire neige

boule

neiger faire lancer iglou skier

Verbes	Noms

J'apprends à **conjuguer** **les verbes au présent**

Les sujets *il / elle*

Observe les dessins. Complète les phrases en choisissant le verbe et la terminaison qui conviennent.

1

date : ....

chant – li – jou – appren – téléphon – mang

e – t – d

Elle .... fort.

Il .... bien au foot.

Il .... un livre.

Il .... un sandwich.

Il .... à sa maman.

Elle .... sa leçon.

2

date : ....

jou – montr – fai – reçoi – répon – cach

e – t – d

Elle .... à la marelle.

Il se .... dans un carton.

Elle .... son dessin.

Elle .... un cadeau.

Il .... ses devoirs.

Il .... à la maitresse.

3

date : ....

reçoi

enten

plant

bross

souffl

boi

e

t

d

Il .... la mer !

Il .... un arbre.

Elle se .... les dents.

Il .... une boule de neige.

Elle .... un peu d'eau.

Elle .... dans la trompette.

4

date : ....

travaill

enten

fai

li

es

attrap

appren

e

t

d

Il .... un gâteau.

Elle .... à nager.

Il .... un papillon.

Il .... bien avec le casque.

Il .... beaucoup.

Il .... malade.

J'apprends à **conjuguer** les verbes au présent

Les sujets *il / elle* ; *ils / elles*

Observe les dessins. Complète les phrases en choisissant le verbe et la terminaison qui conviennent.

1

date : ....

chant | appren | apprenn | mang

e | t | d | ent

Elle .... fort.

Il .... un sandwich.

Elles .... fort.

Ils .... un sandwich.

Elle .... sa leçon.

Ils .... leur leçon.

2

date : ....

montr | reçoi | reçoiv | cach

e | t | d | ent

Elles .... des cadeaux.

Il se .... dans un carton.

Ils se .... dans un carton.

Elle .... son dessin.

Elle .... un cadeau.

Elles .... leur dessin.

J'apprends à **conjuguer** **les verbes au présent**

Les sujets *nous / vous*

Observe les dessins. Complète les phrases en choisissant le verbe et la terminaison qui conviennent.

1

date : ....

cach | jou | fais | appren | saut | lis

ons | ez

Nous .... un bonhomme de neige.

Vous .... un livre.

Nous nous .... dans un carton.

Vous .... votre leçon.

Nous .... au rugby.

Nous .... à la corde.

2

date : ....

cach | pêch | construis | jou | chant | montr

ons | ez

Vous .... dans le micro.

Vous vous .... dans le carton.

Vous .... votre dessin.

Nous .... aux billes.

Vous .... dans la mare.

Nous .... un igloo.

J'apprends à **conjuguer** les verbes au présent

Les sujets *nous / vous*

Observe les dessins. Complète les phrases en choisissant le verbe et la terminaison qui conviennent.

3

date : ....

saut | fais | arros | jongl | jou | grimp

ons | ez

Nous .... un gâteau.

Vous .... aux arbres.

Nous .... au docteur.

Nous ....

Vous .... à la corde.

Vous .... les fleurs.

4

date : ....

mett | appren | déguis | décor | regard | buv

ons | ez

Vous .... la télé.

Nous .... un peu d'eau.

Vous .... la table.

Nous .... à nager.

Nous .... le sapin de Noël.

Nous nous .... pour le carnaval.

J'apprends à **conjuguer** **les verbes au présent**

Le sujet *tu*

Observe les dessins. Complète les phrases en choisissant le verbe et la terminaison qui conviennent.

1

date : ....

chant — li — jou — appren — téléphon — par

es — s — ds

Tu fort.

Tu bien au foot.

Tu un livre.

Tu à ta maman.

Tu ta leçon.

Tu en voyage.

2

date : ....

jou — montr — fai — répon — observ — cach

es — s — ds

Tu à la marelle.

Tu te dans un carton.

Tu un insecte.

Tu ton dessin.

Tu tes devoirs.

Tu à la maitresse.

J'apprends à **conjuguer les verbes au présent**

Le sujet *tu*

Observe les dessins. Complète les phrases en choisissant le verbe et la terminaison qui conviennent.

3 date : ....

reçoi | enten | plant | bross | souffl | boi

es | s | ds

Tu .... un peu d'eau.

Tu .... une boule de neige.

Tu te .... les dents.

Tu .... dans la trompette.

Tu .... la mer !

Tu .... un arbre.

4 date : ....

attrap | lav | pren | va | fai | écri

es | s | ds

Tu .... la voiture.

Tu .... une photo.

Tu .... des papillons.

Tu .... à ton grand-père.

Tu .... du ski.

Tu .... à l'école.

J'apprends à **conjuguer les verbes au présent**

Le sujet *je / j'*

Observe les dessins. Complète les phrases en choisissant le verbe et la terminaison qui conviennent.

1

date : ....

fai | écout | chant | appren | dans | li

e | s | ds

J' .... de la musique.

Je .... des bulles de savon.

Je ....

Je .... une chanson.

J' .... mes leçons.

Je .... un livre.

2

date : ....

fai | attrap | boi | bross | gliss | reçoi

e | s | ds

Je .... un peu d'eau.

Je .... sur le toboggan.

Je me .... les dents.

Je .... mes devoirs.

J' .... un papillon.

Je .... un cadeau.

J'apprends à **conjuguer** **les verbes au présent**

Le sujet *je / j'*

Observe les dessins. Complète les phrases en choisissant le verbe et la terminaison qui conviennent.

3

date : ....

cour · enten · caress · écri · construi · dor

e · s · ds

Je mon petit chat.

J' au tableau.

Je un château de sable.

J' la mer !

Je dans un hamac.

Je à toute vitesse.

4

date : ....

pass · répon · promèn · descen · ouvr · fini

e · s · ds

Je au téléphone.

Je me avec mon père.

J' les volets.

Je l'aspirateur.

Je mon travail.

Je à la cave.

Je trouve **le sujet et le verbe de la phrase** (1)

Lis les deux phrases et barre celle qui ne veut rien dire.
Souligne ensuite le sujet (S) du verbe et le verbe (V) comme dans l'exemple.

Exemple

- Hier, mon petit chien a mordu mes pantoufles !
  S V
- ~~Hier, mes pantoufles ont mordu mon petit chien !~~

1 date : ....

- Le matin, au petit déjeuner, Louis avale un grand bol de chocolat.
- Le matin, au petit déjeuner, un grand bol de chocolat avale Louis.

2 date : ....

- Ce soir, la planète Mars décollera vers une fusée.
- Ce soir, une fusée décollera vers la planète Mars.

3 date : ....

- Les lettres distribuent le facteur chaque matin.
- Le facteur distribue les lettres chaque matin.

4 date : ....

- Le vent rafraichit les marcheurs dans la montagne.
- Les marcheurs rafraichissent le vent dans la montagne.

Je trouve **le sujet et le verbe de la phrase** (1)

Lis les deux phrases et barre celle qui ne veut rien dire.
Souligne ensuite le sujet (S) du verbe et le verbe (V) comme dans l'exemple.

Exemple

- Hier, mon petit chien a mordu mes pantoufles !
  (mon petit chien : S ; a mordu : V)
- ~~Hier, mes pantoufles ont mordu mon petit chien !~~

5 date : ....

- Max jette des papiers à la poubelle.
- Des papiers jettent la poubelle à Max.

6 date : ....

- Après le repas, la vaisselle fait mes parents.
- Après le repas, mes parents font la vaisselle.

7 date : ....

- Ses affaires oublient tout le temps Max à la piscine.
- Max oublie tout le temps ses affaires à la piscine.

8 date : ....

- Bien au chaud dans son lit, Noémie ferme les yeux.
- Bien au chaud dans son lit, les yeux ferment Noémie.

J'accorde **l'adjectif avec le nom**

Dans le tableau, choisis un adjectif pour compléter chaque phrase. Puis colorie le dessin.

jaune – jaunes	gris – grise – grises
vert – verte – verts – vertes	noir – noire – noirs – noires
bleu – bleue – bleus – bleues	brun – brune – bruns – brunes
rouge – rouges	rose – roses

1

date : ....

Son bec est ,
ses pattes sont ,
ses ailes sont .
Elle porte des lunettes
et un tee-shirt
à rayures .

2

date : ....

Léo a les cheveux .
Il porte des chaussures ,
un pantalon
et une chemise .
Il joue avec trois cubes
et un cube .

J'accorde **l'adjectif avec le nom**

Dans le tableau, choisis un adjectif pour compléter chaque phrase. Puis colorie le dessin.

jaune – jaunes	gris – grise – grises
vert – verte – verts – vertes	noir – noire – noirs – noires
bleu – bleue – bleus – bleues	brun – brune – bruns – brunes
rouge – rouges	rose – roses

3

date : ....

Selma a les cheveux .
Ses bottes sont ,
sa veste est ,
son pantalon est .
En plus de son parapluie ,
elle a un chapeau .

4

date : ....

Martin a les cheveux .
Il porte un short ,
une chemisette
et des chaussures .
Il a trois poissons
et un poisson .

5

date : ....

Zoé porte une jupe
et un pull .
Max a un pull
et un pantalon .
Jules porte un short
et un pull .

6

date : ....

Mélanie a les cheveux .
Elle a une salopette
et des chaussures .
Yann porte une casquette ,
un tee-shirt
et un pantalon .

7

date : ....

Amina porte une doudoune
des moufles ,
un bonnet ,
une écharpe ;
ses skis sont
et ses chaussures sont .

J'accorde **l'adjectif avec le nom**

Complète l'histoire avec les adjectifs qui conviennent.

8

date : ....

L'histoire de monsieur Petit

petit — petite — petits — petites

Monsieur Petit est tout . Il a un nez,
deux yeux et une bouche. Il marche
à pas dans ses chaussures. Quand
il prend de vacances, il met ses affaires
dans sa valise : une chemise,
un pantalon, des chaussettes,
une brosse à dents, ses lunettes de soleil
et un paquet de gâteaux.

9

date : ....

L'histoire de monsieur Grand

grand — grande — grands — grandes

Monsieur Grand est très . Il a un nez,
deux yeux et une bouche. Il marche
à pas dans ses chaussures. Quand
il prend ses vacances, il remplit sa
valise avec les affaires suivantes : une chemise,
un pantalon, de chaussettes,
une brosse à dents, ses lunettes
de soleil et une bouteille d'eau.

10

date : ……………………

L'histoire de madame Belle

beau | belle | beaux | belles

Madame Belle est la plus … : elle sèche ses cheveux dans sa … salle de bains. Ensuite, elle brosse ses … dents, maquille ses … yeux et met du vernis sur ses … ongles. Enfin, elle enfile de … habits : une … robe, de … chaussures et un … manteau. Et par cette … journée d'hiver, elle va rendre visite à monsieur Beau dans sa … maison.

11

date : ……………………

L'histoire de madame Froide

froid | froide | froids | froides

Madame Froide habite au pôle Nord. Elle a toujours les mains …, les pieds …, et le bout du nez tout … ! La maison est très …, son lit est …, et même ses radiateurs sont … !
Elle mange des salades …, de la viande … et des glaces bien sûr très … . Le matin, elle fait sa toilette à l'eau … et boit du café … .
Brrr, elle me donne des frissons !

J'apprends à **conjuguer les verbes au futur**

Dans la colonne de gauche, repère les verbes au futur et leur sujet, comme dans l'exemple.

Dans la colonne de droite, complète les verbes au futur.

Verbes en -er		Autres verbes	
erai	erons	rai	rons
eras	erez	ras	rez
era	eront	ra	ront

1

date : ....

Dans 200 ans, la vie sera vraiment différente !
Les voitures voleront dans le ciel, le train avancera à 600 km/h, les fusées voyageront sur Mars et nous passerons nos vacances sur la Lune !

Les robots fe............ tout notre travail, nous n'i............ plus à l'école, les enfants rest............ au lit le matin, ils jou............ au lieu de travailler.
Est-ce que les gens se............ plus heureux ?

2

date : ....

Demain, nous irons nous balader.
Toi, tu emporteras de l'eau et moi je prendrai le gouter.
Nous mettrons de bonnes chaussures.

Nous escalad............ une montagne.
Je march............ devant,
et tu me suiv............ .
Je te chant............ des chansons,
ça te donn............ du courage.

3

date : ....

Quand tu viendras jouer
chez moi, on se déguisera :
je mettrai mon costume d'Indien
et toi, tu enfileras le costume
de cow-boy.

On i dans le jardin
et nous invent plein
d'histoires : tu me ligot ,
je se ton prisonnier,
on se batt , mais on fe
semblant ! On s'amus
comme des fous !

4

date : ....

Demain matin, le soleil brillera
sur la région.
L'après-midi, des nuages envahiront
le ciel et la pluie tombera.
Les températures descendront
et la nuit sera froide.

Le soleil se montr mercredi.
Jeudi, le brouillard couvri
la région.
Vendredi, les routes se
glissantes car il gèl .

5

date : ....

Le mois prochain, l'été sera là !
Les oiseaux chanteront,
le blé poussera dans les champs
et les fruits muriront sur les arbres.

Moi, j'i à la mer avec toi,
j'apprend à nager dans les
vagues et nous bronz
sur la plage.
Tu m'aid à mettre
de la crème solaire,
et moi je t'aid aussi !

J'apprends à **conjuguer les verbes au futur**

Dans la colonne de gauche, repère les verbes au futur et leur sujet.

Dans la colonne de droite, complète les verbes au futur.

Verbes en -er		Autres verbes	
erai	erons	rai	rons
eras	erez	ras	rez
era	eront	ra	ront

6

date : ....

Quand je serai grand,
je serai pompier.
Les gens m'appelleront à l'aide
et je viendrai les sauver.

Avec mes collègues, nous lutt
contre les incendies, nous sauv
des vies.
Nous i chercher les chats
en haut des arbres, ce métier
me permett de rendre service
aux autres.

7

date : ....

Quand nous serons grandes,
nous deviendrons acrobates.
nous travaillerons dans un cirque,
et une roulotte sera notre maison.

Chaque soir, le cirque donn
son spectacle et les gens
applaudir notre numéro !
Est-ce que vous viend aussi
nous voir ?
Nous voyag de ville en ville.
Et notre vie se pleine
d'aventures !

Je conjugue **les verbes *être* et *avoir* au présent**

Choisis le verbe être ou le verbe avoir pour compléter les phrases, et conjugue-le au présent.

Mon chat voit une araignée : il **a** peur !

le verbe avoir au présent	le verbe être au présent
j' ai	je suis
tu as	tu es
il, elle a	il, elle est
nous avons	nous sommes
vous avez	vous êtes
ils, elles ont	ils, elles sont

Il se cache sous le tapis : qu'il **est** bête !

1 date : ....

Vous sept ans.
Mon chien tout mouillé.
Vous en retard.
Nous malades.
J' un petit frère.
Tu n' pas pressé.

2 date : ....

Ils peur de l'orage.
J' de la fièvre.
Tu malade.
Nous au CE1.
Tu soif.
Nous sommeil.

3 date : ....

Je sage.
Elles du courage.
Vous de la force !
Guy amoureux.
Vous gentils.
Mon chien n' plus de puces.

4 date : ....

Le ciel tout bleu.
Vous mes amis.
Tu une tache sur le nez.
Nous faim.
La princesse belle.
Ils un chien et un chat.

J'écris des verbes au pluriel

Le plus souvent, la terminaison sera -ent, sauf pour quatre verbes : ont, sont, vont, font.

Transforme les phrases en écrivant les verbes au pluriel.

1

date : ....

- Le lion a sommeil.
- Il est allongé sous un arbre.
- Il fait la sieste.
- Il rêve à son prochain repas.

Les lions sommeil.
Ils allongés sous un arbre.
Ils la sieste.
Ils à leur prochain repas.

2

date : ....

- Simon va à la fête.
- Il monte sur le manège.
- Maintenant, il a mal au cœur : le manège tourne trop vite !

Simon et Gaël à la fête.
Ils sur les manèges.
Maintenant, :
les manèges

3

date : ....

- Papa fait la cuisine.
- Il épluche les légumes. ▸
- Il fait cuire la soupe. ▸
- Papa est un grand chef !

Papa et Zoé

Papa et Zoé des grands chefs !

4

date : ....

- La souris explore la maison.
- Elle va au grenier.
- Elle est discrète.
- Elle ne fait aucun bruit,
  car elle a peur du chat !

Les souris la maison.

▸

Elles discrètes.
Elles ne
car elles peur du chat !

5

date : ....

- Mon frère est tout petit.
- Il a neuf mois.
- Il marche à quatre pattes.
- Il ne parle pas encore,
  mais il fait des sourires !

Mes frères jumeaux tout petits.

▸

▸

Ils ne
mais ils

6

date : ....

- Ma cousine est une artiste !
- Elle va à l'école de musique,
  où elle fait du piano.
- Elle aime les morceaux doux,
  mais elle préfère
  les morceaux rapides !

Mes cousines des artistes !

▸

où
Elles
mais elles
les morceaux rapides !

J'apprends à **conjuguer les verbes à l'imparfait**

Dans la colonne de gauche, repère les verbes à l'imparfait et leur sujet, comme dans l'exemple.

Dans la colonne de droite, complète les verbes à l'imparfait.

ais | ait | ions | iez | aient

1 date : ....

Quand j'étais bébé,
je dormais presque
toute la journée.
Maman me berçait,
mes sœurs me câlinaient,
et mon père me chantait
des berceuses.

Je fais de beaux rêves !
Toute la famille ét heureuse
quand nous all nous promener,
je gigot dans ma poussette.
Mes sœurs ri de mes grimaces.

2 date : ....

Autrefois, nous habitions Paris.
Quand j'allais en ville,
je prenais souvent le métro
car nous n'avions pas
de voiture.
Mes parents partaient
très tôt le matin.

Mes cousins dis
que nous av de la chance,
mais moi je pens
qu'eux av de la chance,
car ils pouv faire du vélo
dans la campagne.

3 date : ....

Quand tu étais toute petite,
tu marchais à quatre pattes.
Je t'apprenais à marcher,
et tu faisais quelques pas.

Je jou avec toi,
et nous partag la même chambre.
Tu dorm dans un berceau
et moi j'av déjà un grand lit.
Nous ne nous disput jamais
car nous ét très complices.

4

date : ....

Autrefois, quand j'étais petite,
la télé n'existait pas.
Nous écrivions avec une plume.
C'était le bon vieux temps !

À l'école, la maitresse distribu
des bons points et nous port
tous un tablier.
Le soir, nous écout la radio.
Nous jou aux cartes ou aux
dominos. Nos parents nous lis
une histoire, puis nous all
nous coucher.

5

date : ....

Pendant la préhistoire,
les hommes habitaient
devant des grottes.
Ils partaient en groupe à la chasse.
Ils tuaient des bisons
ou des ours.

L'hiver ét très dur,
les hommes av froid :
ils se couvr de peaux de bêtes.
Le feu ét très précieux,
il ne dev surtout pas s'éteindre !
Sinon, ils ne pouv plus
se réchauffer !

6

date : ....

Autrefois, vous viviez en Afrique.
Quand le soleil se levait,
les petits singes criaient
dans votre jardin
et parfois ils volaient des bananes
dans la cuisine.

Vous part le matin dans
la brousse, vous pren des photos
des animaux.
Quand le soir arriv ,
vous rentr chez vous
et vous vous repos dans le jardin.

J'apprends à **conjuguer les verbes à l'imparfait**

Dans la colonne de gauche, repère les verbes à l'imparfait et leur sujet.

Dans la colonne de droite, complète les verbes à l'imparfait.

ais ait ions iez aient

7

date : ....

Il était une fois un petit dauphin
qui s'ennuyait dans la mer.
Tous les dauphins jouaient ensemble
dans l'eau,
mais lui, il rêvait de voir la terre.
Ses parents lui disaient
d'oublier son rêve.

Mais il s'approch ______ souvent
de la plage. Des enfants nage ______
avec lui, et des plongeurs le
caress ______.
Il ne pouv ______ pas, bien sûr,
sortir de l'eau, mais il aim ______
observer la plage.

À suivre...

8

date : ....

...

La nuit, il rêvait que
ses nageoires se transformaient
en jambes et qu'il se promenait
sur la terre.
Mais un jour qu'il jouait avec
un nageur, il s'échoua sur la plage.

Il n'arriv ______ plus à retourner
dans l'eau. Il souffr ______ beaucoup.
Des gens l'ont aidé à retourner
dans l'eau.
Ce jour-là, il a compris que
les dauphins n'ét ______ pas faits
pour vivre sur terre.

Je conjugue **les verbes *dire* et *faire* au présent**

Choisis le verbe dire ou le verbe faire pour compléter les phrases, et conjugue-le au présent.

Firmin est un casse-cou, il **fait** n'importe quoi !

le verbe faire au présent	le verbe dire au présent
je fais	je dis
tu fais	tu dis
il, elle fait	il, elle dit
nous faisons	nous disons
vous faites	vous dites
ils, elles font	ils, elles disent

Fernand est un menteur, il **dit** n'importe quoi !

1 date : ....

« Vous .... trop de bruit ! »
Ils .... que j'ai grandi.
Il .... très froid.
Vous .... : « Merci ! »
Elles .... leur travail.
Je te .... un secret.

2 date : ....

Vous .... du feu.
Vous leur .... : « Bonsoir. »
« Aïe ! Vous me .... mal ! »
Les vaches .... : « Meuh. »
« Tu me .... rire ! »
Vous .... un dessin.

3 date : ....

« Qu'est-ce que vous .... ? »
Les enfants .... du ski.
Je lui .... bonjour.
Tom .... le clown.
Elle .... du mal de moi.
Nous .... du sport.

4 date : ....

Vous .... un gâteau.
« Ouille ! Tu me .... mal ! »
Léa .... la poésie.
Vous .... vos devoirs.
Nous .... la vérité.
Le vent .... du bruit.

Je trouve **le sujet et le verbe de la phrase** (2)

Ces phrases ne veulent rien dire ! Récris-les en mettant les mots dans l'ordre. Souligne ensuite le sujet (S) et le verbe (V) de chaque phrase.

1 date : ....

Sans bruit, le fromage grignote les souris.

▸

2 date : ....

Au début de l'été, les cerises cueillent Jasmine.

▸

3 date : ....

Les voitures jouent avec Paul dans sa chambre.

▸

4 date : ....

La course fait les enfants dans la cour.

▸

5 date : ....

Hier, un cadeau m'a offert Papi et Mamie.

▸

6 date : ....

La farine et le lait mélangent soigneusement Matis.

▸

7 date : ....

Depuis ce matin, un gros rhume a Émilie et Paula.

▸

8 date : ....

Les fruits bien sucrés adorent Boris.

▸

9 date : ....

Un bonhomme de neige fait les enfants dans le jardin.

▸

10 date : ....

En automne, l'arbre de tombe des feuilles mortes.

▸

Je reconnais **les noms, les adjectifs, les déterminants et les verbes**

Écris une phrase en utilisant toutes les étiquettes-mots.
Puis écris D sous les déterminants, N sous les noms,
Adj. sous les adjectifs et V sous les verbes.

1 date : ....

coccinelle — minuscules — pucerons — les — dévore — La

▸

2 date : ....

garçons — multicolores — papillons — attrapent — des — Les

▸

3 date : ....

cahiers — les — nouveau — Le — corrige — maitre

▸

4 date : ....

mures — cueille — jardinier — pommes — Le — les

▸

5

date : ....

Les · loup · fillettes

grand · rencontrent · le · méchant

▸

6

date : ....

font · pâtissiers · Les

énorme · un · gâteau

▸

7

date : ....

migrateurs · traversent · Les

le · oiseaux · ciel

▸

8

date : ....

prisonnier · recherchent · le · évadé

Les · policiers

▸

Je conjugue **les verbes *aller* et *avoir* au présent**

Choisis le verbe aller ou le verbe avoir pour compléter les phrases, et conjugue-le au présent.

Je **vais** chez la dentiste…

le verbe aller au présent

je vais
tu vas
il, elle va
nous allons
vous allez
ils, elles vont

le verbe avoir au présent

j'ai
tu as
il, elle a
nous avons
vous avez
ils, elles ont

… parce que j'**ai** mal aux dents.

1 date : ………………

Vous des poux.
Mon chien dans sa niche.
Vous à la piscine.
Nous à l'école.
J' un peu froid.
Tu ne pas mieux.

2 date : ………………

Ils du courage.
J' de la chance.
Tu dans ta chambre.
Nous en classe.
Tu faim.
Nous un problème.

3 date : ………………

Je chez moi.
Elles un petit chien.
Vous trop chaud.
Léo mieux.
Vous à la mer.
Mon papi une barbe.

4 date : ………………

Nous en récréation.
Vous au lit.
Tu une pièce d'un euro.
Nous très soif.
Cette voiture très vite.
Ils du mal à marcher.

Je reconnais
le verbe et le nom

Dans chaque encadré, barre le ou les intrus.
Puis écris si c'est une liste de verbes ou de noms.

1

date : ....

nous...
- jouons
- maisons
- chantons
- dormons
- travaillons

C'est une liste de : ______________________

une...
- piscine
- voiture
- route
- dessine
- guitare

C'est une liste de : ______________________

des...
- garçons
- prisons
- attendons
- chansons
- chantons

C'est une liste de : ______________________

2

date : ....

vous...
- rêvez
- dessinez
- assez
- courez
- écrivez

C'est une liste de : ______________________

ils...
- souvent
- s'amusent
- dorment
- sourient
- jouent

C'est une liste de : ______________________

des...
- histoires
- bagarres
- reviens
- chatons
- regardes

C'est une liste de : ______________________

3

date : ....

une...
- racine
- imagine
- tartine
- famille
- brille

C'est une liste de : ______________________

la...
- cuisine
- termine
- copine
- lapine
- farine

C'est une liste de : ______________________

la...
- propreté
- vérité
- promené
- sécurité
- réveillé

C'est une liste de : ______________________

Je reconnais **le verbe et le nom**

Dans chaque encadré, barre le ou les intrus.
Puis écris si c'est une liste de verbes ou de noms.

4

date : ....

elle…
- s'habille
- parle
- danse
- école
- rentre

C'est une liste de : ____________________

nous…
- voulons
- apprenons
- savons
- citrons
- pouvons

C'est une liste de : ____________________

je…
- reviens
- chuchote
- souris
- gagne
- recette

C'est une liste de : ____________________

5

date : ....

ils…
- dorment
- comment
- croient
- annoncent
- donnent

C'est une liste de : ____________________

un…
- invité
- côté
- dansé
- habité
- café

C'est une liste de : ____________________

vous…
- prenez
- chez
- merguez
- vendez
- répondez

C'est une liste de : ____________________

6

date : ....

un…
- boulanger
- panier
- cuisiner
- escalier
- chevalier

C'est une liste de : ____________________

tu…
- viens
- retiens
- te souviens
- italiens
- reviens

C'est une liste de : ____________________

la…
- propreté
- publicité
- beauté
- décollé
- curiosité

C'est une liste de : ____________________

7

date : ....

il...
arrivait
parfait
cherchait
racontait
achetait

C'est une liste de :

____

ils...
s'aiment
doucement
se promènent
vraiment
freinent

C'est une liste de :

____

je...
chatouille
citrouille
me mouille
me débarbouille
m'agenouille

C'est une liste de :

____

8

date : ....

je...
lisais
surveillais
recopiais
regardais
jamais

C'est une liste de :

____

des...
dragons
sourions
bâtons
garçons
maisons

C'est une liste de :

____

il...
comprendra
oubliera
caméra
descendra
lira

C'est une liste de :

____

9

date : ....

un...
mouchoir
pleuvoir
trottoir
arrosoir
couloir

C'est une liste de :

____

nous...
papillons
dormons
marchons
grimpons
leçons

C'est une liste de :

____

tu...
dessines
trottines
clémentines
devines
imagines

C'est une liste de :

____

J'apprends **comment écrire ce que j'entends**

oi / ou / on

Écris les mots qui correspondent aux dessins en utilisant les syllabes dans les étiquettes.

1 date : ....

 un

 un

 la

 une

 un

 un

bi | poi | blou | be | seau | ton | bou | son | re | bou | ron | che | oi

2 date : ....

 un

 du

 de la

 un m

 un

 une

mou | ci | gou | tu | rou | toi | con | cou | é | kan | choir | loir | re | tron | le | fi

3 date : ....

 un

 une

 des

 un

 un

 un

ba | bi | ti | lan | a | car | chon | co | vion | re | ron | çoi | joux | po | ton

J'apprends **comment écrire ce que j'entends**

ch / j

Écris les mots qui correspondent aux dessins en utilisant les syllabes dans les étiquettes.

1

date : ....

 le

 un

 une

 un

 un

 un

ma | che | mou | et | nal | val | che | do | jou | py | jour | ju | ja

2

date : ....

 une

 des

 un

 un

 dans la

 la main

ju | bran | che | che | min | gau | meaux | gle | jun | cha | che | peau

3

date : ....

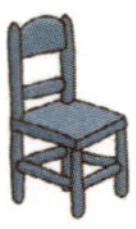 une

 une

 un

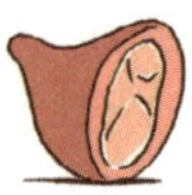 du

 une

 le

na | jour | meau | se | chai | lis | cha | chè | te | vre | bon | din | jam | jar

J'apprends **comment écrire ce que j'entends**

ai / an / au / eau

Écris les mots qui correspondent aux dessins en utilisant les syllabes dans les étiquettes.

1

date : ....

 un

 un

 un

 une

 un é

 un

en | lai | ti | ar | chaut | ba | ce | ba | paud | lan | é | fant | clair | cra

2

date : ....

 une

 un

 un

 un

 un

 un

am | lan | dau | ce | é | phin | meau | dra | phant | peau | teau | cha | bu | man | lé

3

date : ....

 un

 une

 une

 un

 une

 une

au | bran | teur | chan | se | le | to | ca | se | bi | mo | frai | deau | cais | che

J'apprends **comment écrire ce que j'entends**

ar/ra / ir/ri / or/ro...

Écris les mots qui correspondent aux dessins.

1

date : ....

un

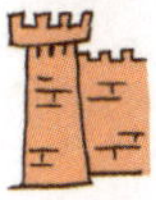
une

une

un

un

un

une

du

2

date : ....

un

un

une

un

un

une

un

un

3

date : ....

une

une

une

une

une

une

un

une

J'apprends **comment écrire ce que j'entends**

elle / ette / esse / enne

Écris les mots en entier, en ajoutant la finale :
elle, esse, ette, erre, enne.

1

date : ....

 le

 une

 de la

 une

 une

 la

fic | crev | princ | T | tonn | chi

2

date : ....

 une

 une

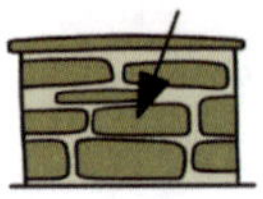 une

 une

 une

 une

pi | ant | tigr | sauter | raqu | coccin

3

date : ....

 une

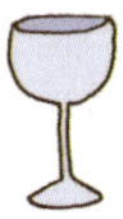 un

 une

 une

une

 une

nois | Indi | musici | éch | adr | v

J'apprends **comment écrire ce que j'entends**

g / gu

Écris les mots qui correspondent aux dessins en utilisant les syllabes dans les étiquettes.

1

date : ....

un

un

une

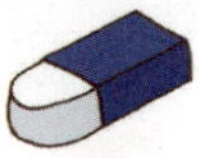

une

un

du

gar | sin | de | o | guet | mu | guir | çon | ma | ga | gre | me | gom | lan

2

date : ....

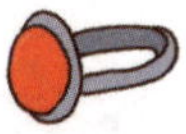

une

un

une

un

il est f

un

gue | grou | pe | ba | pe | ti | guê | don | fa | gui | ti | gre | gué

3

date : ....

une

un

bla, bla

une

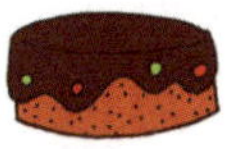

un

un

une

re | dra | teau | gon | le | gu | got | ta | es | ma | gri | vir | gui | gâ | car | ce

J'apprends **comment écrire ce que j'entends**

s / ss

Écris les mots qui correspondent aux dessins.

1

date : ....

 une

 une cai

 une mai

 du

 une frai

 une

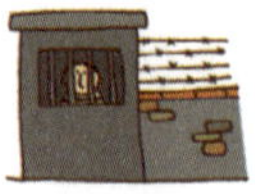 une

 une chai

2

date : ....

 une

 une

 une

 un

 il g

 une ch

 un tré

 une

3

date : ....

 un

 une

 une lai

 un

 un

 une c

 de la

 de la

J'apprends **comment écrire ce que j'entends**

j / g / ge

Écris les mots qui correspondent aux dessins en utilisant les syllabes dans les étiquettes.

1

date : ....

une

le

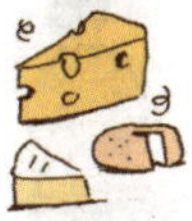
du

un

un

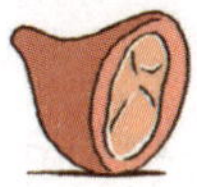
du

pe · nal · ma · jam · ge · geon · bon · ge · ju · nou · fro · jour · plon

2

date : ....

un

des

une

un

un

un

geon · ge · ge · ju · vil · gi · et · ran · bour · cien · jou · meaux · o · la · ma

3

date : ....

un

de l'

une

un

une

une

ra · ju · fe · gent · le · cu · ment · ge · ar · jus · geon · ra · gi · o · ma · pi

J'apprends **comment écrire ce que j'entends**

in / ain / ein / un

Écris la fin des phrases. Aide-toi en cachant la dernière lettre des mots en gras.

1

date : ....

- Ma **voisine** s'appelle **Sylvaine**.

Et mon v

- Ma **cousine**, c'est une **coquine**.

Et mon c

- La bouteille est **pleine**, j'en suis **certaine** !

Le verre est p

2

date : ....

- J'ai inventé une histoire qui s'appelle : La **vilaine gamine**.

Et le v

- Je verrai ma **marraine** la semaine **prochaine**.

Je verrai mon p le mois p

- Ma petite **lapine** est très **câline**.

Mon petit l

3

date : ....

- Ma **cousine** est **américaine**.

Mon c

- Cette petite ourse **brune** est **orpheline**.

Ce petit ours b

- Pour s'arrêter, **Martine freine**.

Pour s'arrêter, Ma serre le f

J'apprends **comment écrire ce que j'entends**

ail / eil / euil / ouil

Écris les mots en entier, en ajoutant la finale :
ail, eil, euil, ouil.

1

date : ....

le

J'ai du

un

du

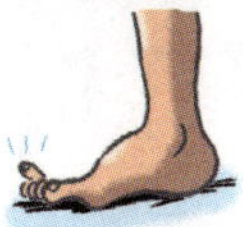
un

le

gouvern | ort | chevr | cor | trav | sol

2

date : ....

un

j'ai

un

Je te donne un

un

un

cons | évent | écur | somm | épouvant | vitr

3

date : ....

un

un

un

un

du

du

faut | appar | bét | port | fen | rév

J'apprends **comment écrire ce que j'entends**

rt / rp / rs / st / str...

Écris les mots qui correspondent aux dessins.

1

date : ....

 un

 un

 un

 une

 un

 un

2

date : ....

 un

 une

 un

 un

 un

 une

3

date : ....

 un

 une

 un

 une

 un

 un

J'apprends **comment écrire ce que j'entends**

c / qu

Écris les mots qui correspondent aux dessins en utilisant les syllabes dans les étiquettes.

1

date : ....

 un

 un

 un

 un

 un

 un

que · cir · le · que · di · bou · ti · quet · cas · cro · es · co · mous · got · que · car

2

date : ....

 une

 un

 un

 un

 un

 des

tus · se · ri · pho · beau · cots · cac · que · quin · ha · cor · re · cour

3

date : ....

 du

 un

 une

15

 la

 des

cou · lat · ca · é · pe · si · ze · quin · que · mu · co · mion · qui · cho · leurs

J'apprends **comment écrire ce que j'entends**

c / ç

Écris les mots qui correspondent aux dessins en utilisant les syllabes dans les étiquettes.

1

date : ....

 un

 une

 une

 un

 une

 une

re · lan · re · ciè · çon · ci · çoi · cir · sor · ma · ba · ma · que · ce · li · ble

2

date : ....

 du

 un h

 Elle se

 Il apprend une

 le drapeau fr

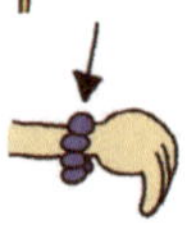 un

çais · bra · let · ce · çon · den · çon · ti · ce · fri · me · ba · lan · le · ce · ha · fran

3

date : ....

 les

 un

50

 un

 une

 de la

gri · çon · ma · cets · quan · cin · fi · le · te · çon · la · gla · ce · gar · cel

J'apprends **comment écrire ce que j'entends**

h / ch / ph

Écris les mots qui correspondent aux dessins en utilisant les syllabes dans les étiquettes.

1 date : ....

 une

 un

 un

 un

 une

 un

che | châ | mi | phant | dau | bu | née | é | ron | phin | ha | teau | che | lé | che

2 date : ....

 un

 une

 des

 un

 un

 un

gnon | pi | pho | ma | que | phar | phe | cie | cots | cham | to | ri | ha | pho | me | hom | gra

3 date : ....

 un

 un

 des

 du

 l'

 un

son | ta | ches | hi | me | ris | mous | ne | hip | po | po | lat | hé | ver | lé | ta | té | co | cho | pho

J'apprends **comment écrire ce que j'entends**

gn / gu

Écris les mots qui correspondent aux dessins en utilisant les syllabes dans les étiquettes.

1

date : ....

 un

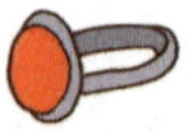 une

 une

 Il est

 une

 un a

gnon | gnée | ba | ti | gneau | pe | a | gue | cham | a | gué | fa | pi | guê | rai

2

date : ....

 un

 la

 la

 une

 un dé

 une

ta | ment | se | gue | pei | re | gne | gne | ta | gnée | gui | gui | mon | dé | lan | poi

3

date : ....

 une

 une

 un

 une

 des ch

 une m

si | gnes | gui | tu | va | don | re | gue | ri | gne | ci | gna | go | mar | gue | tai | châ | te

J'apprends **comment écrire ce que j'entends**

aille / eille / euille / ouille / ille

Écris les mots en entier, en ajoutant la finale :
aille, **eille**, **euille**, **ouille**, **ille**.

1 date : ....

une

une

une

une

une

une

citr — fam — bout — méd — ab — coqu

2 date : ....

une

une

une

Il

une

une

bat — gren — s'hab — corn — jonqu — corb

3 date : ....

une

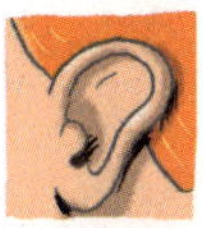
une

elle se

une

ça

une

ratat — éc — or — maqu — chat — gros

J'apprends **comment écrire ce que j'entends**

am / em / im / om…

Écris les mots qui correspondent aux dessins en utilisant les syllabes dans les étiquettes.

1

date : ………………

une

Elle

un

un

un

Elle a

du | om | gnon | pi | cham | on | pier | bre | pon | pom | te | chan | gle

2

date : ………………

un

la

un

un

une

Il est t

bre | tin | tim | ton | pe | lan | bé | lam | mou | tom | gue | pan

3

date : ………………

un

un

une

une

une

un

dai | ne | ce | pion | lan | re | tier | lan | bu | an | chan | ti | am

lo | cham | ter | lam | pa | pe

J'apprends **comment écrire ce que j'entends**

oi / oin / ion

Écris les mots qui correspondent aux dessins en utilisant les syllabes dans les étiquettes.

1

date : ....

 une

3+4=7
6-5=1
2×4=8
des

 un

 un

des

 un

points · lion · tions · son · doi · o · se · pé · ar · pois · vion · ra · a

2

date : ....

 un

 un

 une

 « ! »

3+5
= 8
une

7-2
= 5
une

tion · ar · re · trac · point · ad · soir · Coin · ar · ro · tion · di · sous · moi · coin · rond

3

date : ....

 du

 une

 !

 un m

 Il est

 un

neau · ca · té · poi · ten · son · Att · lé · moi · coin · vi · mion · tion · cé · sion

Je découpe **les mots en syllabes**

Récris les mots en les découpant en syllabes.

1 date : ....

 oiseau

fourchette

 jouet

journal

salade

facteur

 ficelle

merci

2 date : ....

 cadeau

Noël

 girafe

mardi

mercredi

vendredi

samedi

dimanche

3 date : ....

pardon

printemps

montre

 garçon

chocolat

animal

escalier

octobre

Je maitrise **les liaisons, l'apostrophe et les accents**

L'apostrophe

Lis chaque texte.
Relie les lettres qui forment des mots
et ajoute des apostrophes là où il faut.
Puis recopie ces mots à droite.

1

date : ....

Mon portrait

Jemappelle	Amélie,
jai	sept ans,
etjhabite	à Paris.
Jai	un grand frère
quisappelle	David,
jenaipas	de sœur,
jaime	chanter,
jenaimepas	mais danser.

2

date : ....

Le début de ma journée

Tous les matins,

jemelève	à sept heures,
jemhabille	en vitesse,
javale	un bol de cacao,
jemebrosse	les dents,
jembrasse	papa et maman,
jenfile	mon blouson,
jarrive	à l'heure !

Je maitrise **les liaisons, l'apostrophe et les accents**

«n» ou liaison?

Y a-t-il un «n» sous le ruban rouge? Écris les mots avec un «n» s'il en faut un, ou marque la liaison comme dans l'exemple.

1 date : ....

- un vion ▸ un avion
- un yau ▸
- un mbril ▸
- un scabeau ▸
- un eud ▸
- un bricot ▸

2 date : ....

- un écureuil ▸
- un id ▸
- un énufar ▸
- un arc ▸
- un avire ▸
- un xercice ▸

3 date : ....

42

- un uage ▸
- un ananas ▸
- un ez ▸
- un mbre ▸
- un urs ▸
- un util ▸

Je maitrise **les liaisons, l'apostrophe et les accents**

L'accent aigu

Ajoute l'accent aigu « é » quand il le faut.
Puis recopie les mots à droite en cachant le modèle.

1

date : ....

- un es ca lier ▸
- une e chel le ▸
- la les si ve ▸
- une cle ▸
- in tel li gent ▸
- un e le phant ▸
- un des sin ▸

2

date : ....

- des le gu mes ▸
- le nez ▸
- de l' es sen ce ▸
- un he ris son ▸
- un e cu reuil ▸
- un de sert ▸
- une bles su re ▸

3

date : ....

- des cen dres ▸
- un es suie – gla ce ▸
- la re cre a tion ▸
- un des sert ▸
- le pied ▸
- un mes sa ge ▸
- un te le pho ne ▸

Je maitrise **les liaisons, l'apostrophe et les accents**

L'accent aigu

Coupe les mots en syllabes, et ajoute l'accent aigu « é » quand il le faut. Puis recopie les mots à droite en cachant le modèle.

4 date : ....

un tré/sor ▸	un perroquet ▸
 un reveil ▸	un supermarche ▸
un serpent ▸	une etoile  ▸

5 date : ....

un numero ▸	une libellule ▸
une ecole ▸	un epouvantail ▸
un satellite ▸	un rendez-vous ▸
 un bebe ▸	un refrigerateur ▸

6 date : ....

l'ocean ▸	un lezard ▸ 
le tennis ▸	un cameleon ▸
une medaille ▸ 	une etincelle ▸
un effort ▸	un medecin  ▸

J'apprends à écrire **le masculin et le féminin des adjectifs**

Cache la fin de l'adjectif au féminin et écris-le au masculin à droite.

1

date : ....

 Elle est forte. →  Il est f

 Elle est gourmande. →  Il est g

 Elle est méchante. →  Il est m

 Elle est petite. →  Il est p

 Elle est poilue. →  Il est p

 Elle est patiente. →  Il est p

2

date : ....

 une boisson froide →  un repas

 une boisson chaude →  un repas

 une vis pointue →  un clou

 une plante verte →  un sapin

 une baleine grise →  un éléphant

 une chaise longue →  un pantalon

J'apprends à écrire **le masculin et le féminin des adjectifs**

Cache la fin de l'adjectif au féminin et écris-le au masculin à droite.

3

date : ....

 une planche épaisse →  un livre

 une fille assise →  un garçon

 une réunion secrète →  un agent

 une valise très lourde →  un sac très

 une fleur violette →  un pull

 une fille sportive →  un garçon

4

date : ....

 une bague brillante →  un bijou

 une fille coquette →  un garçon

 une femme intelligente →  un homme

 une dame inquiète →  un monsieur

 une femme muette →  un homme

 une chienne craintive →  un chien

5

date : ....

	une rue piétonne	→		un passage
	une princesse charmante	→		un prince
	Elle est fière.	→		Il est
	une actrice italienne	→		un acteur
	de la glace fondue	→		du beurre
	une danse indienne	→	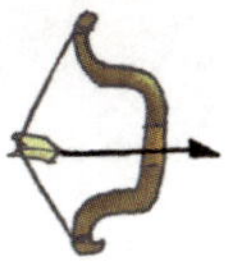	un arc

6

date : ....

	une porte étroite	→		un lit
	une robe légère	→		un manteau
	une élève attentive	→		un élève
	une jeune fille sourde	→		un enfant
	une robe ancienne	→		un livre
	une chaise haute	→		un tabouret

Je maitrise **les liaisons, l'apostrophe et les accents**

L'accent grave

Dans les mots coupés en syllabes, ajoute l'accent grave « è » quand il le faut. Puis recopie les mots à droite en cachant le modèle.

1

date : ....

- mon pe re ▸
- ma me re ▸
- la Ter re ▸
- un ver re ▸
- mon fre re ▸
- la mer ▸
- de la fi cel le ▸

2

date : ....

- une sor cie re ▸
- une pier re ▸
- une noi set te ▸
- une cuil le re ▸
- les le vres ▸
- une an ten ne ▸
- une pla ne te ▸

3

date : ....

- une ri vie re ▸
- un ze bre ▸
- l' her be ▸
- des per les ▸
- une ra quet te ▸
- une sou pie re ▸
- un me tre ▸

Coupe les mots en syllabes,
et ajoute l'accent grave « è » quand il le faut.
Puis recopie les mots à droite en cachant le modèle.

4

date : ....

la fiè/vre ▸

une gouttiere ▸

les lunettes ▸

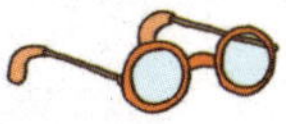

la poussiere ▸

une poussette ▸

une regle ▸

une sucette ▸

la colere ▸

5

date : ....

une fleche ▸

la lumiere ▸

une ferme ▸

la premiere ▸

la politesse ▸

une pasteque ▸

une barriere ▸

une chaussette ▸

6

date : ....

une couverture ▸

le troisieme ▸

une veste ▸

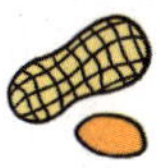

une cacahouete ▸

la tristesse ▸

un manege ▸

un mystere ▸

un couvercle ▸

Je transforme **des phrases**

Lis chaque phrase, puis transforme-la pour qu'elle corresponde au second dessin. Souligne tout ce qui a changé.

1 date : ....

Quand je serai grande, je serai chanteuse.

▸

2 date : ....

Je suis très fatigué : je suis prêt à aller au lit.

▸

3 date : ....

J'ai participé à la course et je suis arrivée la première.

▸

4 date : ....

Vous êtes idiots de vous bagarrer, tous les deux !

▸

5 date : ....

Je suis contente que tu sois ma meilleure amie.

▸

6

date : ....

C'est une excellente nageuse, une vraie championne !

▸

7

date : ....

C'est une bonne musicienne, mais elle est trop bruyante !

▸

8

date : ....

Mon copain est très fort à la marelle !

▸

9

date : ....

C'est un très bon élève, un peu rêveur.

▸

0

date : ....

Qu'est-ce qu'elle est bavarde au téléphone !

▸

Remerciements

De nombreuses classes, en France et dans le monde, ont contribué à la validation de la plupart des activités de la première édition de C.L.É.O. Que leurs enseignants soient ici chaleureusement remerciés pour leur précieuse contribution, en particulier Laurence Sanchez, Agnès Couturier, Patrick Picard, ainsi que le Café Pédagogique (www.cafepedagogique.net).

Direction éditoriale : Sylvie Cuchin
Édition : Joëlle Gardette
Création maquette : Jean-François Saada
Réalisation maquette : Cécile Rouyer, Clara Luneau
Illustrations : Patrick Chenot et Marie Morey
Corrections : Florence Richard

N° de projet : 10242488
Dépôt légal : février 2016

Imprimé en France en janvier 2018
par l'Imprimerie de Champagne